高校学生管理与实践创新研究

徐姗姗 著

延吉·延边大学出版社

图书在版编目（CIP）数据

高校学生管理与实践创新研究 / 徐姗姗著. -- 延吉：延边大学出版社，2024.9. -- ISBN 978-7-230-07158-1

Ⅰ．G645.5

中国国家版本馆CIP数据核字第2024Q5G535号

高校学生管理与实践创新研究
GAOXIAO XUESHENG GUANLI YU SHIJIAN CHUANGXIN YANJIU

著　　者：徐姗姗	
责任编辑：朱云霞	
封面设计：文合文化	
出版发行：延边大学出版社	
社　　址：吉林省延吉市公园路977号	邮　　编：133002
网　　址：http://www.ydcbs.com	E-mail：ydcbs@ydcbs.com
电　　话：0433-2732435	传　　真：0433-2732434
印　　刷：廊坊市广阳区九洲印刷厂	
开　　本：710mm×1000mm　1/16	
印　　张：12.5	
字　　数：220 千字	
版　　次：2024 年 9 月第 1 版	
印　　次：2024 年 9 月第 1 次印刷	
书　　号：ISBN 978-7-230-07158-1	

定价：78.00元

前　言

在当今这个日新月异的时代，高校作为培养国家未来栋梁与社会精英的摇篮，其重要性不言而喻。随着全球化进程的加速、信息技术的快速发展，以及社会需求的多元化，高校学生管理工作面临着前所未有的挑战与机遇。因此，深入探讨高校学生管理与实践创新，不仅是提升教育质量、促进学生全面发展的内在要求，也是适应时代变迁、推动高等教育改革的必由之路。

21世纪，高等教育的使命已远不止于知识的传授，更在于培养学生的创新思维、实践能力和社会责任感。高校学生管理作为高等教育体系中的重要环节，其有效性直接关系学生的成长、成才与高等教育的整体质量。传统的高校学生管理模式往往侧重于规范管理、纪律约束，而在新时代背景下，这一模式已难以满足学生个性化发展和社会对创新型人才的需求。

面对这一现状，高校必须与时俱进，勇于探索与实践。实践创新不仅意味着管理理念的更新，更体现为管理手段、方法，以及管理机制的全面革新。它要求管理者具备前瞻性的视野，能够敏锐地洞察社会的变化，准确把握学生需求，将现代管理理论、信息技术等先进元素融入学生管理，构建以学生为中心、以促进学生全面发展为目标的新型管理体系。管理者应重点关注以下几个方面：一是管理理念的转变，从"管理"向"服务"与"引导"并重转变；二是管理手段的现代化，充分利用信息技术手段提升管理效率与精准度；三是管理机制的优化，建立健全学生参与管理、多方协同育人的长效机制；四是管理内容的创新，注重学生心理健康教育、职业规划指导、创新创业能力培养等非传统管理领域的拓展。

本书旨在通过对高校学生管理现状进行深入分析，挖掘当前管理实践中存在的问题与不足，进而提出切实可行的创新策略与实践路径，以期促进高校学生管理水平的提升，最终为学生的全面发展与高等教育的质量提升贡献力量。同时，笔者也期待与广大教育工作者、研究者共同探讨、交流，从而推动高校学生管理工作的持续进步与发展。

  本书共七章。第一章简单介绍了高校学生管理的相关知识；第二章阐述了高校学生管理面临的机遇、挑战及创新的必要性；第三章到第五章分别从理念、模式、技术方面探析了高校学生管理的创新；第六章简要分析了高校学生管理信息化及创新；第七章探讨了高校学生管理创新的实践探索。

  笔者在撰写本书的过程中，参考了大量的文献资料，在此对相关文献资料的作者表示由衷的感谢。此外，由于时间和精力有限，书中难免会存在不足之处，敬请广大读者批评指正。

徐姗姗

2024 年 9 月

目 录

第一章 高校学生管理概述 … 1

第一节 高校学生管理的内涵及特点 … 1
第二节 高校学生管理的作用及原则 … 6
第三节 高校学生管理的指导思想和发展趋势 … 10
第四节 高校学生管理工作的要求 … 15
第五节 新时代的高校学生管理工作 … 22

第二章 高校学生管理工作面临的机遇、挑战及创新的必要性 … 29

第一节 高校学生管理工作面临的机遇 … 29
第二节 高校学生管理工作面临的挑战 … 34
第三节 高校学生管理工作创新的必要性 … 41

第三章 高校学生管理理念创新 … 44

第一节 高校学生管理理念创新的意义 … 44
第二节 高校学生管理理念创新的方向 … 47
第三节 基于柔性管理理念的高校学生管理的创新 … 56
第四节 基于服务理念的高校学生管理的创新 … 63

第四章 高校学生管理模式创新 … 76

第一节 高校学生管理模式的职能 … 76

第二节　高校学生管理模式创新的原则……………………82
　　第三节　高校学生管理模式创新的方向……………………85
　　第四节　高校学生管理模式创新的实践：
　　　　　　学区制高校学生管理模式…………………………95

第五章　高校学生管理技术创新……………………………101
　　第一节　大数据技术下的高校学生管理创新………………101
　　第二节　人工智能技术下的高校学生管理创新……………108
　　第三节　云计算技术下的高校学生管理创新………………115

第六章　高校学生管理信息化及创新………………………123
　　第一节　信息化概述…………………………………………123
　　第二节　高校学生管理信息化概述…………………………127
　　第三节　高校学生管理信息化建设…………………………135
　　第四节　高校学生管理信息化的创新………………………148

第七章　高校学生管理创新的实践探索……………………159
　　第一节　"微时代"下高校学生管理创新的实践探索………159
　　第二节　书院制模式下的高校学生管理创新实践探索……175
　　第三节　场域视域下高校"一站式"学生社区管理模式
　　　　　　创新实践探索………………………………………183

参考文献………………………………………………………191

第一章 高校学生管理概述

第一节 高校学生管理的内涵及特点

高校是培养社会主义事业接班人的重要基地和摇篮,因此必须始终坚持社会主义办学方向,把德育放在首位,为我国社会主义现代化建设多出人才、出好人才。培养社会主义现代化建设事业需要的合格人才是一项十分复杂而庞大的系统工程,它要求高校调动各方面的积极性,齐抓共管,共同努力。而发挥高校学生工作专职人员的作用,加强对大学生的教育和管理,是高校学生管理工作的切入点和着力点。

一、高校学生管理的内涵

高校学生管理是对大学生日常事务的管理,它是指通过对大学生的日常行为进行规范、指导,来促进大学生的全面发展。高校学生管理有广义和狭义之分,学生工作就是广义的学生工作管理,包括思想政治教育、日常事务管理、学生工作的考核与评估、学生成长发展指导等内容。本书所讲的高校学生管理指的是狭义的学生工作管理,也就是管理学生,它侧重的是日常管理,包括班级建设、学生奖惩、学生资助、安全教育、宿舍管理、生活服务、就业指导等,涉及学生在校生活、学习的方方面面。

高校学生管理是高校领导和管理人员为了实现高校学生的培养目标,按照国家的教育方针和各项政策法令,科学地、有计划地组织、指挥、协调高校内部的各种因素，包括人、财、物、时间、信息等，并对其进行预测、计划、实施、反馈、监督等的一门管理科学。高校学生管理作为高校管理的重要组成部分，具有十分广泛而深刻的内涵。一方面，它要求高校坚持社会主义办学方向，坚持马克思主义的指导地位，全面贯彻国家教育方针；坚持以立德树人为根本，以理想信念教育为核心，促使学生培育和践行社会主义核心价值观，弘扬中华优秀传统文化和革命文化、社会主义先进文化，培养学生的社会责任感、创新精神和实践能力；坚持依法治校，科学管理，健全和完善管理制度，规范管理行为，将管理与育人相结合，不断提高管理和服务水平。另一方面，它要求学生拥护中国共产党领导，努力学习马克思列宁主义、毛泽东思想、中国特色社会主义理论体系，深入学习习近平总书记系列重要讲话精神和治国理政新理念新思想新战略，坚定中国特色社会主义道路自信、理论自信、制度自信、文化自信，树立中国特色社会主义共同理想；树立爱国主义思想，具有团结统一、爱好和平、勤劳勇敢、自强不息的精神；增强法治观念，遵守宪法、法律、法规，遵守公民道德规范，遵守学校管理制度，具有良好的道德品质和行为习惯；刻苦学习，勇于探索，积极实践，努力掌握现代科学文化知识和专业技能；积极锻炼身体，促进身心健康，提高个人修养，培养审美情趣。

此外，高校学生管理是一项教育工作，它具有教育科学所包含的规律，也是一项具体的管理工作，具有管理科学所包含的规律。一般认为，高校学生管理是高等教育学和管理学交叉结合产生的一门综合性应用学科，它同所有的管理科学一样，研究的主题是效率，要寻求按照党和国家的教育方针，实现培养德、智、体诸方面发展的专门人才的最佳方案、最佳计划、最佳决策、最佳管理体制、最佳组织机构、最佳操作程序。因此，实施高校学生管理，必须广泛运用各种有关的科学理论来分析高校学生管理实践，用科学的指导思想和管理手段对学生进行有效的管理，使其建立在科学理论之上；必须尊重和保护学生的合法权利，教育和引导学生承担应尽的义务与责任，鼓励和支持学生实行自我管理、自我服务、自我教育、自我监督。

二、高校学生管理的特点

高校学生管理是学校管理的一个分支，是学生管理理论与实践的高度综合与概括。实践证明，我国的高校学生管理必须以马克思主义理论为指导，必须与时俱进，必须从我国的实际情况出发，必须遵循高校管理的基本规律、从高校的特点出发。我国高校学生管理具有以下特点：

（一）专业性

新时期，高校学生管理工作成为一门非常值得研究的学科，有着独立的模式和科学体系，和社会其他领域相比较，更为科学化与规范化。高校学生管理以管理、服务、教育三位一体来完成学生管理工作，并以此来阐释教学、管理、学生之间的关系，以专业性的管理方式来维系校园秩序。因此，高校学生管理工作的专业性显而易见。高校学生管理的专业性必须体现在实际工作当中，这样高校才能把握时代脉搏和学生动态，以全新的视角和模式开展学生管理工作，及时解决问题。当然，高校要想使学生管理工作成为学生教育管理的主渠道，只在思想上重视还不够，一定要打破传统、更新理念，全面适应学生群体及环境的特征，让学生管理工作吸收更多的科学管理手段及方法，从而推进学生管理工作全面走向专业化，成为教育传播的主体阵营。

（二）针对性

大学生管理不同于一般的管理，它有着自己的特殊性。这些特殊性表现在以下四个方面：

从社会角色方面而言，高校学生管理的对象是大学生，他们本身就是一个特殊的社会群体，是一群掌握着一定基础知识和专业知识的潜在人才群体；高校学生管理的对象是青年，他们处于血气方刚、激情澎湃、感情冲动、充满朝气的人生阶段，他们的首要任务是学习，他们处于想独立而在经济上又不能独立的阶段。这决定了高校学生管理涉及青年学、生理学、心理学、教育学、人才学和管理学等诸方面的知识。

从青年学（生理学、心理学）的角度而言，高校学生管理面对的是一群有血有肉、生龙活虎和朝气蓬勃的年轻人，他们的世界观、人生观、价值观尚未完全定型，他们对异性的关注、与异性的交往、对爱情的渴望、对道德的理解和对人生的理解等，都有着所处时代的烙印，受到所处的时代环境的影响。要管理好他们，就必须研究了解他们；要研究了解他们，就必须把握时代特征；要把握时代特征，就必须弄清楚这个时代的政治、经济、文化及科学技术发展的大方向。

从教育学的角度而言，高校学生管理必须有利于青年大学生的成长，必须符合教育规律。换言之，就是高校学生管理工作必须遵循教育学、人才学所揭示的规律。例如，大学生德育、智育、体育如何在高校学生管理中有机融合的问题，知识的获得与能力的培养如何有机协调的问题，尊重学生个性与高校统一管理如何实现有机统一的问题，课堂教学与社会实践如何结合的问题等，都是需要认真研究探索的。

从管理学的角度而言，科学的管理从本质上讲是法治化、人性化的管理。管理的有效实施离不开规章制度的建设，而法律与规章制度的制定往往是以一定的理念为指导的。在法学中，指导法律制定的是法理（法律理论）；在政策学中，指导规章与政策制定的是政治理论和与政治理论相关的哲学理论。由于法律、规章、政策针对的都是人，所以它们都离不开对人的理性认识。也就是说，如果一种规章制度与受它管束的人的本性相悖，那么这个规章制度必然得不到良好的执行。对于高校来说，这种负面影响必定是不利于学生成长和人才培养的。

（三）科学性

对高校而言，建立一套集德、智、体及日常生活管理于一体的系统管理制度的实质是建立一种约束和规范，把学生的思想、情感、行为和意志等引导到国家所倡导的培养目标上去。这一活动目标的实现要求制度具有科学性。而高校学生管理制度的科学性至少包括以下几个方面的内涵：

①符合法律法规，即要求高校学生管理制度符合国家的法律法规精神的要求。

②符合学校的实际。学校的实际包括学校的层次类型，以及学校所在地的地域人文风情。

③符合大学生的生理心理特点。这就要求高校学生管理制度的制定者必须既了解大学生的实际情况，又清楚学校的培养目标与要求。

④具有可操作性。作为管理制度，其最大的特点就是它必须具有可操作性。没有可操作性的制度，再好也只能是理论上正确而不能执行的制度。

（四）关联性

高校学生管理工作不是高等教育范畴中的独立部分，而是与高校各项工作紧密相连的重要组成部分，是高校教育成果的有力保障，在高校教育的各个环节中起着支撑作用。各高校都不可能实现单独的教育、教学。同样，高校也不能实现单纯的管理。因此，高校要使学生管理工作成为教育、教学的推动者和维护者，使学生在接受管理的同时得到较好的教育，获得良好的教学指导。

（五）政策性

国家针对高校学生管理工作制定了一系列的基本方针和政策，涉及学生管理、学籍管理、学生行为规范、毕业分配工作管理等方面。国家制定的这些方针、政策是搞好学生管理的行动准则，高校必须认真学习贯彻，维护方针、政策的严肃性。

（六）教育性

培养全面发展的高素质人才为社会主义现代化建设服务是高校学生管理工作的主要目标。高校学生管理工作者要通过对学生的教育和引导，提高大学生的科学文化素质，培养他们良好的品德和修养，引导他们坚持正确的政治方向，帮助他们树立远大的理想信念。总之，高校要通过学生管理的教育和引导作用，促进高校管理目标的实现。

（七）开放性

高校学生管理工作具有开放性，日常管理工作可以通过多种途径和方法开展。高校既可以通过课堂教学进行日常管理，又可以通过组织校园文化活动进行日常管理，还可以通过学校教育、社会教育、家庭教育等多种渠道展开日常管理。高校学生管理工作者要善于利用多方资源，懂得统筹和协调，形成高校学生管理合力。

第二节　高校学生管理的作用及原则

一、高校学生管理的作用

（一）育人作用

高校学生管理是高校管理的重要方面，高校是人才培养的基地，高校学生管理是直接针对大学生的、是为培养人才服务的。高校学生管理与一般意义上的管理不一样，它不是单纯的管理，而是带有教育性质的管理，即不仅要通过管理促进高校的有效运行，而且要通过管理达到教育目的，使学生成为高校的合格"产品"。也就是说，高校学生管理是一种"管理育人"的管理，这种管理要与高校的教学、思想政治工作和心理健康教育等一系列工作有机结合起来，产生一种管理育人的效果，促使党的教育方针在高校真正得到落实。

（二）稳定作用

高校学生是一个特殊的社会群体，他们具有青年的特质：朝气蓬勃、充满激情、追求真理、关心时事；同时也有青年固有的不足：容易冲动、互动性强、易走极端、时有盲从、阅历较浅、情绪不够稳定等。他们在法律上是完全民事行为能力人，但从心理上讲，他们却是准成年人。与其他同龄人相比，他们掌握着更多的知识，但较之真正的知识分子，他们的知识又存在结构上的缺陷和知识量上的不足。这样一个大的群体居住在一起，各种矛盾、冲突在所难免，如果管理不到位，极易发生群体性事件，从而给社会的稳定带来威胁。因此，依法管理，通过制定并实施符合学校实际的规章制度，引导大学生端正学习态度、明确学习目的、掌握正确的学习方法、养成良好的生活习惯、培养良好的心理品质、形成稳定的情绪，是高校学生管理的又一重要作用。

（三）提高大学生能力的作用

高校是培养人才的场所，因此高校学生管理应发挥提高学生能力的积极作用。例如，社会实践的管理可以提高大学生的社会实践和社会活动的能力；实验室的管理可以提高学生的动手能力；心理咨询管理可以提高学生自我认识、自我调节的能力；学生的党团活动管理可以提高学生对党团的认识水平等。

二、高校学生管理的原则

（一）全面发展原则

高校学生管理工作要全面贯彻党的教育方针，以提高学生素质为根本宗旨，造就有理想、有道德、有文化、有纪律的德、智、体、美、劳等全面发展的社会主义事业的建设者和接班人。高校学生管理不能违背这一要求和规律，要将全面提高学生的素质作为主要目标。

（二）方向性原则

管理是一种有目的的活动，因此管理工作必然具有方向性。坚持社会主义方向，这是我国高校学生管理工作的一个根本原则。我国是社会主义国家，自然要使高校成为社会主义性质的育人场所。社会的性质制约着学校的性质，进而决定学校一切管理工作的性质，因此高校学生管理工作作为一种有目的、有意识的自觉活动，必须坚持党的领导、坚持社会主义方向和重要思想，为社会主义现代化建设培养大批合格人才，这是高校学生管理工作必须遵循的一条最基本、最重要的原则。

（三）集体性原则

强调高校学生管理工作的集体性，并不是要压制学生的个性。但是个性的形成和培养又不是孤立的，而是在集体的环境中进行的，二者是辩证统一的关系。高校学生管理工作是在学生集体——主要是班集体中进行的，班级既是高校学生管理工作的主要场所，也是德、智、体、美、劳教育的主要组织场所。学生集体既是对高校学生进行管理的必要组织，又是对学生进行教育的强大力量。因此，加强班级的建设，是符合高校学生管理的集体性原则的。

（四）平等与尊重原则

尽管高校学生管理工作者与学生是管理和被管理的关系，但高校学生管理工作者应以平等的态度对待每一个学生。这里的平等有两方面的含义：一方面，双方在人格上是平等的，不存在高低贵贱之分；另一方面，高校学生管理工作者应一视同仁地以平等态度对待每一位学生。平等就要尊重和信任学生，维护每一个学生的自尊心和自信心。

（五）理论与实践结合原则

理论与实践相结合，坚持实践是检验真理的唯一标准，这是马克思主义的基本原理，也是高校学生管理工作的基本原则。准确领会和掌握马克思主义相关科学及各种管理原理，从而把握它们的精神实质，这是搞好高校学生管理工作的前提。但是，管理原理的应用价值和范围是受不同学校、不同管理对象和管理者水平等因素影响的。党和国家在社会主义现代化建设阶段有着基本的教育方针和政策，在各个不同发展时期，针对不同特点，又提出了一系列具体的方针、政策和要求。这些方针、政策和要求应当体现在各高校学生管理的具体措施、方法之中。但是科学的学生管理工作必须从本地区、本校、本专业、本年级学生的具体情况出发，从学生的素质、兴趣、爱好，以及青年的生理、心理特点等出发，制定出相应的方法和措施。

第三节　高校学生管理的指导思想和发展趋势

一、高校学生管理的指导思想

科学的管理对提高管理效率、教育质量具有十分重要的意义。科学的管理有赖于符合客观实际的、法治化的、人性化的管理规章制度，而这一切都离不开科学的管理思想。科学的高校学生管理思想分三个层次：一是作为认识理论的管理思想；二是作为管理应遵循的基本原则；三是在实际操作中所运用的具体方法。

从哲学的层面看，高校学生管理的指导思想主要包括四个方面：

（一）相互联系的思想

高校学生管理是一种复杂的社会现象。从宏观上分析，高校与社会、家庭、时代是联系在一起的，大学生当然也不是孤立于社会、与世隔绝的，所以高校学生管理牵涉社会家庭，影响着时代，同时也受时代或者说历史条件的限制。从微观方面来看，高校学生管理诸要素之间也是相互联系、相互制约的，如管理与学习的关系、管理与教育之间的关系、管理与服务之间的关系、管理过程与管理结果之间的关系等。

（二）动态平衡的思想

管理是一个过程，这一过程是不断发展变化的，既受大的政治、经济和文化变化的影响，又受高校本身物力、财力及办学思路变化的影响。管理工作也处在不断的完善与发展过程之中，同时，作为管理对象的大学生的人格、思想、行为也在高校学生管理过程中得到逐步发展与完善。因此，要把动态平衡的管理思想运用于高校学生管理工作中，就必须有发展的观点，要有与时俱进的勇气，要立足于现实、着眼于未来，不断分析和研究新的情况，解决新的问题。

（三）对立统一的思想

高校学生管理中客观存在着各种矛盾关系，高校需要运用对立统一的管理思想对这些问题和矛盾进行分析研究并予以解决，如管理者与管理对象之间的矛盾，教育、服务与管理之间的矛盾等。

（四）实践探索的思想

实践是检验真理的唯一标准，实践又是正确认识的主要来源。高校学生管理是实践性很强的科学，有很强的操作性要求。因此，高校教师在开展学生管理工作时，一定要有实践意识，要有探索创新的勇气，并将实践过程中形成的好的经验提升到理论的高度，从而在整体上指导学生管理工作的新实践，以推动高校学生管理工作水平不断提升。

二、高校学生管理的发展趋势

高校是人才培养的重要基地，学生教育管理的工作使命是高校使命不可分割的一个组成部分，是实现学生教育管理工作专业化的前提，其重点在于为祖国和人民培养德、智、体、美、劳全面发展的，有理想、有道德、有文化、有纪律的社会主义建设者和接班人。新时期，我国高校学生管理工作的重要任务是促进学生的全面发展，其核心是促进学生的道德成长和提高学生的智力，促使教育、管理、服务一体化发展。这是事关党和国家的长治久安，事关中华民族的前途命运的根本问题。

（一）教育、管理、服务一体化发展

1.坚持以育人为本的教育发展观

确立科学理论指导下的教育发展观，是推动教育进一步发展的重要前提。高校应坚持育人为本、德育为先，实施素质教育，提高教育现代化水平，培养德、智、体、美、劳全面发展的社会主义建设者和接班人，办好人民满意的教育。要以育人为本，始终把培养人才作为高校的根本任务，促进学生的全面发展，引导学生树立正确的人生观、价值观；要以学生为主体，一切为了学生的发展，一切为了学生的成人成才，一切着眼于调动和依靠学生内在的积极性，在教育过程中尊重学生的价值追求和个性表达。高校要全面推进素质教育，深化课程、教材、考试评价等制度改革，强化创新精神和实践能力的培养，实现受教育者的全面发展，围绕学生的长远可持续发展这一目标，实现德育、教学、管理的良性互动和系统优化。育人为本，还要求高校教师重视学生的健康和安全，多与学生沟通，了解学生的心理状况并及时进行调节。

2.树立"以生为本"的管理理念

"以人为本"在高校学生管理工作中的体现就是"以生为本"，强调学生在高校学生管理工作中的主体地位，始终把满足学生的发展需求、促进学生的全面发展作为高校学生管理工作的首要任务。学生是高校价值之所在，高校的价值就在于将学生培养为合格的社会主义接班人。所以，高校要结合学生的发展规律和发展目标，选择适合的教育方式，围绕培养和造就高素质人才的中心，转变工作作风，明确工作理念，建立专业化的高校学生管理工作队伍，充分调动工作人员的积极性，将高校学生管理工作切实贯彻到学生学习生活的方方面面，始终以满足学生的发展需求做活、做实、做强高校学生管理工作。

3.树立服务意识，坚持全面服务

"以人为本"本身就体现了服务思想。学生是高校学生管理工作的中心，牢固树立服务学生的意识是高校发展的生命力和载体。高校学生管理工作的主要内容在本质上就是服务，随着高等教育体制改革的不断推进，学生成为高等教育的消费者，高校成了为学生的发展提供教育服务的机构，学生对于自己主体地位的认识也不断加强，在高校教育中对于自身发展的需求也日益强烈。同时，学校管理的逐步开放、民主化以及一系列制度的变革，解放了学生的思想观念，使学生的自由度提高，活动空间扩大，学生的自我意识增强，使得以学生为主体的思想日益凸显。这也要求高校学生管理工作人员一定要转变观念，在开展高校学生管理工作的同时牢固树立服务意识，始终把学生的发展放在首位，在开展工作的同时接受学生的反馈意见，通过开展多样的围绕学生成才需要的服务性质的工作来满足学生的各项需求。

（二）智能化、信息化协调发展

管理智能化就是借助信息技术手段，建设学生生活网络和管理服务网络，用计算机等现代科学技术进行科学的管理和服务，体现高效管理，实施高效服务。例如，对学生宿舍实行联网管理，让学生进出宿舍进行红外刷卡，杜绝外来人员的进入；将学生宿舍内部的床位、电费、水费管理等都纳入智能化管理系统，在此基础上增设校内网络论坛、公寓管理员信箱、住宿信息、电话号码、火车时刻、住宿费、超额水电费、卫生考评信息等网络查询功能，通过网络服务平台为学生提供更加方便快捷的生活网络服务。

高校学生管理智能化就是建立智能服务系统进行各方面的管理，促进管理模式的合理化、管理方法的科学化。智能服务系统的建立能够使学生宿舍的安全管理，尤其是学生进出、消防报警、用电负载识别等，上升到一个全新的层面。广泛运用计算机平台的自动化技术和智能化技术开展这些工作，可以大大提高管理效率、准确性、可靠性和安全性，还可以解决许多单靠人力不能解决的问题。高校开展实时计算机管理，可以随时了解学生的基本情况和日常动态，形成服务方与学生之间的双向联系，促进管理信息的流通，从而推进管理科学化、智能化的进程。

目前，高校的入学率在逐年上升，学生数量的不断增长也带来了很多问题，其中最重要的问题就是学生数量多，学生管理工作的开展越来越困难。在当今社会，信息化发展迅速，各行各业都重视信息化建设，高校也应顺应时代发展潮流，做好高校学生管理工作的信息化建设。高校学生的电脑、手机普及率非常高，几乎每人手持一部手机，每人都会用一些社交软件，这为学生教育管理工作提供了很大的便利。管理者可以合理地利用这些软件开展信息化管理，这就需要高校教师跟随社会发展的步伐，学会使用并且高效地利用这些软件。

高校的教务系统是学生学习和生活必不可少的信息化系统，因此管理者可以灵活使用教务系统，利用教务系统发布一些通知等，既方便又安全，学生也不用担心信息的真假，这能够使学生的教育管理工作变得规范化、安全化。

需要注意的是，高校学生管理工作者要及时发现并解决信息化建设中所遇到的问题，这就需要高校学生管理工作者在平时开展学生教育管理工作时做到细心、耐心，通过观察学生的行为、语言等及时发现问题，及时解决问题，只有这样，才可以及时地解决一些隐性问题，才能避免在如今信息化发展过快的潮流中忽略一些问题，才能避免因管理工作出现失误而造成麻烦。

在高校学生管理中，将智能技术和信息技术有机融合，有助于减少教育管理工作者的工作量，减轻教育管理工作者的工作压力和提高教育管理工作的效率，进而促进高校学生管理的健康发展。

第四节　高校学生管理工作的要求

一、高校学生管理工作主体应做到"两"促进

（一）促进高校学生管理工作主体的职业化

职业是职场中的专门行业，是社会劳动中的分类。职业作为社会劳动的具体形式，是由特定的工作职责、职业能力和工作岗位构成的。职业的不同实际上就是工作职责履行、职业能力发展和工作岗位任务的不同。从这个方面来看，高校学生管理工作岗位是一种专门的职业。高校学生管理工作者的职责就是在全面贯彻党的教育方针，坚持社会主义办学方向，坚持育人为本、德育为先的原则的基础上，对学生成长成才和全面发展，尤其是对学生思想、政治、道德素质的提高，负有教育、引导、管理、服务的责任。它体现了高校学生管理工作队伍特定的工作目的。

职业化指的是从业人员从事某种职业之后所具备的职业状态。事实上，我国高校学生管理工作在 20 世纪 50 年代就已经出现了，经过这么多年的发展，这一职业不但没有因为时代的发展而弱化，反而日渐加强，这本身就是这一职业生命力的最好体现。高校学生管理工作主体的职业化问题逐渐摆上人们的议事日程，正是这一职业发展的必然结果。高校学生管理工作主体的职业化，就是要让高校学生管理工作者以学生管理工作为本职，在工作职责履行、职业能力发展、岗位任务完成等方面有职业归属感，能够真正安下心来做工作、平心静气搞研究，从而使学生管理工作队伍在职业范围内保持稳定。

（二）促进高校学生管理工作主体的专家化

一般认为，专家是对某一事物或领域精通，或者说有独到见解的人。高

校学生管理工作主体的专家化是指高校学生管理工作者在其职业化的基础上，通过不断的学习和自身的实践探索，加强总结、反思和批判，持续提高自身业务理论水平和实践能力，使自己成长为敢于创新、善于创造性解决工作中遇到的各种问题、对工作中的各种问题有深刻的认知和独到见解的复合型人才，在高校学生管理工作岗位上成长为思想政治教育专家、教育管理专家、心理健康咨询专家、职业生涯指导专家、法治教育专家、社团活动指导专家等。

当然，高校学生管理工作者的专家化非一日之功，要想成为专家，就要静下心来进行系统全面的学习，接受扎实有效的培训，经历真实反复的实践，开展批判反思研究。当前针对高校学生管理工作者的部分政策，如职称晋升、学位攻读等相关的政策，在一定程度上鼓励高校学生管理工作者向专家化发展。但是由于诸多因素的影响，很多高校学生管理工作者仅将这份工作作为跳板。高校学生管理工作队伍专家化的前提是专业化，因此高校学生管理工作队伍专家化建设的关键是高校学生管理工作队伍专业资格的认定和综合业务能力测评体系的构建。所谓专业资格认定，就是要确定高校学生管理工作人员专业化发展的逻辑起点，进而确定高校学生管理工作队伍专家化的方向与举措，如攻读学位、晋升职称、学术研究、学习培训等。在此基础上，还要形成行之有效的约束机制，使高校学生管理工作者的专家化落到实处。

二、高校学生管理工作对象应实现"三自"

（一）学生的自我教育

自我教育是在教育系统中，受教育者根据社会标准道德规范及其相关要求，自觉地进行自我认识、自我评价、自我监督、自我控制，有目的地调整自己行动，从而主动达到或接近教育目的的过程的活动。苏联教育家苏霍姆林斯基曾说，在对个人的教育中，自我教育是起主导作用的方法之一。自我教育是衡量教育实效性的一个标志，也是学生工作的归宿。高校学生管理工作最终要落脚到作为成长主体的学生实现自我成长、自我发展。可以说，在新时期，自我教育是高校学生管理工作的长效标准和最终归宿，更是高校学生管理工作克服传统模式的弊端、应对新形势的必然选择。因此，高校在学生管理工作开展过程中，不要一味地强调教育主体方，而要站在系统思维的角度，关注教育的对象——学生。例如，要正面引导，弘扬正气，建立自我教育的引导机制；加强学生会、学生社团等学生组织的建设，保障自我教育的实施条件；将自我教育贯穿学生日常学习生活和社会实践活动，使成长主体的主体性价值得以充分实现；加强校园文化建设，形成自我教育的良好氛围；将思想政治教育与新生教育、专业教育、心理健康教育和实践就业教育等有机结合，进行全方位、全过程的自我教育；提高教育工作者的自我教育意识，发挥受教育者的积极性；以人为本、贴近学生，发现新情况，解决新问题。

（二）学生的自我管理

学生的自我管理是为了适应社会发展对个人综合素质的要求，调动自身主观能动性，自觉地利用和整合各方面资源，运用各种有效管理办法，开展自我认识、自我分析、自我设计、自我组织、自我实施、自我控制、自我监督和自我评价的过程。自我管理是学生主体性价值实现的过程，是学生能力素质有效提升的过程。在高校学生管理工作中，学生自我管理的领域很多，如设立学生宿舍自律委员会，以宿舍为依托，对学生进行社区化管理；建立学生党员社区管理制度，即学生党员在党总支和党小组的直接管理下，按宿舍楼层编组，开展相关学习活动；建立辅导员助理、见习班主任制度，通过在高年级中选拔管理组织能力强的优秀学生干部担任低年级的见习班主任，有效弥补管理力量不足的问题；建立班规，对班级日常事务进行自治、民主管理等。

（三）学生的自我服务

学生的自我服务是学生通过相关载体和平台为包括自己在内的学生群体提供服务的过程。要实现自我服务，学生要充分认识自我服务的必要性和紧迫感。特别是对于未来即将进入职场的学生群体来说，他们更要认识到这一点，应当具有自我服务的意识、自我服务的能力，并在进行自我服务过程中全面提升自身的能力和素质。此外，学生要充分利用好各级各类服务平台。各级学生社团组织、班集体、生活社区、学生会等学生群体性组织是学生实施自我服务的坚实载体。在这些组织中，学生可以互相学习、共同进步。同时，这些组织在学校各部门的领导下对活跃校园文化、稳定校园秩序、沟通民情民意起到了很好的作用。

三、高校学生管理工作内容应具有"三性"

（一）高校学生管理工作内容的具体性

中华人民共和国教育部（以下简称"教育部"）或地方教育行政部门对高校学生管理工作做了宏观的规定，这些规定成为高校学生管理工作在一定时期的主要内容、高校学生管理工作的主要依据和指南。但是有些高校在解读规定时不太深入，这使高校学生管理工作的内容不太具体，操作起来也不太好把握。高校学生管理工作者要根据高校的实际情况，运用现有科学理论认真研究工作对象、工作环境等因素，从而使高校学生管理工作内容符合自身实际。不同的高校、不同的学生、不同的级别、不同的类型、不同的时期，高校学生管理工作的内容也不同。

（二）高校学生管理工作内容的系统性

系统性是整体思维和结构优化在组织运行中的充分体现。系统是由多种相关因素组合而成的一个具有特定目标功能的组织。就高校学生管理工作的内容而言，其系统的构成要素有很多，如思想道德、就业指导、心理健康、能力素质、形势政策等。强调高校学生管理工作内容的系统性，主要应将高校学生管理工作视为一个有机整体，目的是拓展高校学生管理工作者的工作思路，运用运动、发展、变化的观点审视高校学生管理工作，提高高校学生管理工作的时代性与系统性。学生群体是一个系统，高校学生管理工作本身也是一个具有突出系统特点的整体。

（三）高校学生管理工作内容的层次性

高校学生管理工作内容作为一个特殊的系统，其内部的层次性是不以人的意志为转移的客观存在。高校学生管理工作不仅拥有自己的详细内容，而且其内容具有相应的层次性。高校学生管理工作内容"不是单一的，而是集合的，是一个目标系统"。从不同层次院校的学生来讲，人才培养的目标具有差异性。从不同年级的学生来讲，高校学生管理工作应该具有针对性、指向性和工作内容的侧重性。从学生个体来讲，不同基础、不同水平、不同成长目标的学生应该接受不同的教育方式和教育内容，也就是真正意义上的因材施教。

四、高校学生管理工作方法应做到"四化"

（一）科学化

科学，就是符合客观规律、符合自身实际、体现客观现实、适应环境变化。多年来，我国高校学生管理工作偏重维护稳定和维持秩序的目标追求，"求稳"重于"开拓"，"守成"多于"创新"，难以适应新时代对人的全面发展的关照。融入时代特征，强调以人为本，明确高校学生管理工作要充分认清自身的育人功能，充分重视学生在管理工作过程中的重要地位，充分理解高校学生管理工作的价值追求在于"以学生为本"，服务于学生的全面发展，并以培养社会主义合格建设者和可靠接班人为使命。高等教育事业科学化的发展，对高校学生管理工作提出整体上从事务主义层面向全面协调、可持续发展层面转变的新要求。

（二）人性化

在传统的视角下，高校学生管理工作的主要内容就是事务管理，忽视其教育、服务、指导、咨询、资助等职能，滞后于当代学生群体成长、成才、成功的现实诉求。高校在学生管理工作中往往忽视人的全面发展的需要，没有真正做到以人为本。以人为本，在高校学生管理工作中就是要"以学生为本"、以学生的全面发展为本，把学生当作有思想、有独立人格的社会公民来看待；就是要坚持以学生的根本利益和成长成才为出发点。高校学生管理工作要做到以人为本，要做到从学生的立场出发满足其合理的需求，尊重学生、依靠学生，注重教师管理和学生自我管理相结合；要不断满足学生的精神发展诉求，善于从学生自我发展与合理需求的视角完善管理规章制度；要善于转换角度、善于结合社会、善于调动各方面的积极性，体现学生特点，促进学生的自我实现与超越。此外，在开展高校学生管理工作时，高校学生管理工作者要依靠引导、激发、鼓励、奖励和惩罚等方法进行人性化管理，以规章制度约束、监督、处罚、处分等手段进行法治化管理辅助。

（三）信息化

在信息化时代，高校在工作方法上需进行信息化建设来实现本身新的价值。在校园中，以通信工具、信息网络为要素的现代信息媒体，正逐渐改变学生的思维逻辑、行为模式和价值取向，而这些都使得现在高校学生管理工作的方法发生根本性的改变。充分利用现代信息技术，是学生管理工作适应时代发展的必然选择，也是学生管理工作内在规律的必然要求。高校将信息化应用到学生管理工作中，不仅摆脱了传统的复杂烦琐、低效率的管理模式，大大提高了管理的效率，节省了精力，也是对自身在新形势下参与高校综合实力竞争的新要求。因此，高校学生管理工作者可以充分利用网络的及时性、灵活性、虚拟性和动态交互性等特点，更加贴近学生的学习生活，更好地为学生服务。

（四）个性化

因材施教是中华传统文化中的精髓，是教育的真谛。高等教育要实现可持续发展，提高育人工作的针对性、实效性和个性化是必然趋势和必由之路。高校学生管理工作是育人工作的重要组成部分，是高校育人工作个性化教育的重要内容。可以说，在高校学生管理工作过程中，方法的个性化源于对象的个性化。因此，高校学生管理工作者要因材施教，充分把握新时代学生成长成才的身心规律、接受影响的思维习惯和全面发展的实际需求，善于利用信息化手段，充分尊重学生的个性，对其进行分类指导，并最终实现个性化引导。

第五节　新时代的高校学生管理工作

一、新时代高校学生管理工作环境的变化

党的十八大以来，习近平总书记在领导全党全国各族人民推进党和国家事业发展的伟大实践中，立足于世界发展大势和国家发展全局，着眼于民族复兴伟大梦想，紧紧围绕培养什么人、怎样培养人、为谁培养人这个根本问题，牢牢把握立德树人根本任务，作出了一系列有关教育改革发展的重要论述。习近平总书记聚焦培养什么人、怎样培养人、为谁培养人这个根本问题，始终联系"两个一百年"奋斗目标和中华民族伟大复兴的中国梦来回答和破解这一问题，强调要坚持中国特色社会主义教育发展道路，培养德智体美劳全面发展的社会主义建设者和接班人。

（一）国际、国家及社会变化

世界正在变化，教育也必须改变。世界各地的社会都在经历着深刻的变革，这就需要新的教育形式，以培养学生适应变化的能力。全球在经济、科学、文化和政治方面的相互依赖关系正日益加深，因此教育也必须做出改变。全球化、信息化、数字化、网络化等深刻影响着教育的变革，这些变化既给教育的发展带来了挑战，也带来了机遇。

由于全球流动性的增强，思想、知识流动加快，人才与国际学生流动成为世界人口流动和知识流动中的重要一支。国际学生和国外教学资源的涌入给我国的发展带来一定机遇，但其复杂性也为高校学生管理带来新的挑战。

中国特色社会主义进入新时代，我国社会主要矛盾已经转化为人民日益增长的美好生活需要和不平衡不充分的发展之间的矛盾。由生产力问题转换

到发展问题，需要更好地满足人民在经济、政治、文化、社会、生态等方面日益增长的需求，更好地推动人的全面发展、社会全面进步。高校环境在学生成长与发展中具有关键作用，这对高校在新的物质环境、制度环境和文化环境创设中更好地促进学生的学习和发展提出了新的目标，也对高校学生管理工作提出了新的要求。

（二）学术与学生的变化

高等教育国际化对我国高校在办学过程中拓展国际视野、推进国际化进程提出了严峻挑战，同时为我国高校学习借鉴教育发达国家的先进办学理念和经验、拓展优质教学资源、改进学生管理工作提供了难得的机遇。我国高校正在采取多种措施加快推进国际化进程。例如，重视培养国际化人才或具有国际视野的创新型人才；鼓励高校学生和教师通过联合培养、合作研究、讲学游学、参加国际会议等多种方式积极参与国际学术交流与合作；尝试开设全英文课程或专业，吸引更多的外国学生到中国留学。学生的来源、民族和种族等更加趋于多样化，学生国际化比例不断加大，校园的多样化为学生提供了全球化的学习机会。因此，在高等教育国际化进程中，高校只有充分利用全球资源不断发展才能立于不败之地。随着国际学生和国外教学资源的涌入，我国高校学生管理工作面临着新的现实问题。

目前的高校学生大多数为"00后"，是与"70后""80后""90后"不同的一代群体，现今特定的成长环境决定了他们思想意识观念多样化、政治关注度弱化、道德观念和价值取向多元化，深受网络文化影响等特征。新时代的大学生有着强烈的家国情怀，他们自信且个性鲜明，但组织观念相对淡薄，在自我意识强的同时伴随着较浓重的功利化进取心。高校学生的这些状态都挑战着当代高校学生管理工作的实践。高校学生管理要能为学生学业发展提供更多的有效服务，协助学生更好地学习，提升各方面能力：一是在高校和社会标准及个人发展追求之间协调好角色安排，尊重学生的差异，同时在心理、伦理、性别、精神等方面促进学生的全面发展；二是充分发挥多元文化环境的影响，促进每个学生个体尊严与价值的发展，强调自律与自省，以成年人的标准要求学生；三是帮助学生解决实际困难，为其提供安全文明的校园文化环境。

（三）高等教育的变化

超前识变、积极应变、主动求变是中国高等教育形势最大的变化，高校要紧紧抓住科技革命和产业变革催生的时代机遇，准确把握世界高等教育发展的历史趋势，通过实现"四个变化"来完成中国高等教育从跟跑、并跑到领跑的历史使命。

1.地位和作用的变化

当今世界，随着综合国力竞争日益激烈和科技进步日新月异，人力资源成为推动经济社会与科技发展的战略性资源，人才成为国家竞争力的关键。改革开放以来，我国经济与科技发展取得了巨大成就。我国经济保持中高速增长，国内生产总值持续增加，现已成为世界第二大经济体，对世界经济增长贡献率超过 30%；我国科技发展更是成就非凡，在一些重要领域跻身世界先进行列或引领发展，一些重大科技成果相继问世。国家建设与发展成就辉煌，是中国特色社会主义道路的胜利，是人才支撑的结果。正是因为中国特色社会主义高等教育培养了数以千万计的适合中国国情的高素质人才，才为经济高质量发展和科技持续创新提供了不竭动力。之前强调更多的是高等教育的基础支撑作用，现在国家要强调高等教育支撑和引领作用并重，而且引领的分量要加大。中国经济社会发展要想保持中高速、迈向中高端可持续发展，最大的红利、最重要的牵引力就是高等教育。高等教育更要发挥好这种作用。

2.发展阶段的变化

中国高等教育自 2002 年开始了大众化的进程，当前已经从后大众化阶段向普及化阶段迅速迈进。毛入学率达到 50%是世界高等教育发展普及化的重要标志。我国高等教育只用了十几年时间就完成了从大众化向普及化的转变。这也意味着接受高等教育成为中国国民的基本需求，高等教育成为国民职业生涯的"基础教育"。从这个意义上来说，接受高等教育已经成为中国公民一种普遍的基本需求。以往我国学者对国外高校学生管理做过系统深入的研究，但未从专业理论视角建立系统的学生发展理论，这些借鉴国外的理论也未被真正运用到我国具体的高校学生管理工作中。基于我国发展实际，高校应在充分调研的基础上建立学生发展理论，并将其运用于学生管理中；将该理论与学术事务紧密结合，致力于学生管理的重新定位和专业化考量；在充分论证的基础上对国外经验进行本土化借鉴，尝试发展学生管理相关专业和课程；加强对现有高校学生管理工作人员的培训，提升高校学生管理工作人员的专业素养。

3.类型结构的变化

引领一个国家发展的高等教育一定是多样化的高等教育发展的高级阶段，绝不是单一"同构化"的低级阶段的高等教育。也就是说，不同类型的高校都可以在人才培养方面为国家作出重大贡献。对于研究型大学来说，国家出台的"双一流"建设方案要求到 21 世纪中叶，我国的一流大学和一流学科数量及实力均进入世界前列，达到基本建成高等教育强国目标；对于高职院校而言，我国出台了"双高"计划，即围绕办好新时代职业教育的新要求，集中力量建设 50 所左右高水平高职学校和 150 个左右的高水平专业群，打造技术技能人才培养高地和技术技能创新服务平台，支撑国家重点产业、区域支柱产业发展，引领新时代职业教育实现高质量发展。为适应和实现教育和培养学生的目标，高校学生管理工作者应根据形势变化调整自身角色定位：一是做学生的知心朋友，充分了解学生的学习状态、兴趣爱好，有能力应用理论知识规划学生学业发展，并为高校制定相应的政策提供咨询参考。二是做好信息沟通的桥梁纽带，在帮助学生解决实际问题的同时为实现高校与学生之间完整充分的信息沟通，熟悉运用团体组织协调技能。三是善于处理各类突发事件。四是做好学习教育类活动的设计策划，有执行力和领导力，能有效动员学生全情投入教育活动。

4.环境坐标格局的变化

在经济、社会、文化多重影响下，高校学生管理也面临着丰富教育服务内容、改善管理模式和方法、重新审视学生事务与学术事务的内在关联、使学生获得高质量的全面发展等问题。高校学生管理工作者需要更清醒地认识到自身的使命和担当。2019年11月7日，"高校学生事务管理专业化发展与国际合作"国际研讨会在北京科技大学召开。来自国内高校的专家学者就学生管理的理论研究和各自高校的实际工作，围绕国际视野与时代新人培养、中国高校创新创业价值观教育研究、高校辅导员队伍建设的历史进程、高校学生工作战略领导力、网络社会发展与青年教育成长等主题进行了发言。进入新时代，国际交流与合作成为高校的"第五项职能"，旨在把优秀的中华文化、学术特色、办学理念及教育智慧介绍给国际社会。这不仅是国家文化软实力提升的重要体现，也为中国参与世界合作解决人类面临的诸多问题、构建人类命运共同体贡献了一份中国力量和中国方案。

二、新时代高校学生管理工作的方向

（一）树立生本理念和服务意识，促进学生的全面发展和健康成长

新时代高校学生管理工作要在关注学生实际需求的同时做到全面细致，高校学生管理工作者要去倾听学生的心声，切实、深入了解学生的各项需求，才能在实际的管理工作中知道应该提供给学生什么、怎样才是合理有效的供给。只有这样，才能提高高校学生管理工作的针对性和实效性，更好地为学

生服务，帮助学生解决成长过程中遇到的困难，促进学生的全面健康成长，从而提高高校学生管理工作的质量和水平。高校学生管理工作的发展与学生的全面发展和个性发展是相辅相成的。因此，在服务于学生成长成才的过程中，高校学生管理工作者还应积极探索新的体制机制，构建师生学习"共同体"，为促进学生的自主与合作学习、实现个性化培养提供支持。中国的高校要以学生为工作中心，高校学生管理工作要坚持"以人为本"的理念，促进学生的全面发展。在服务学生方面，我国的高校应该以学生的实际需要为工作的根本目标，提高为学生事务服务的针对性，逐步实现我国高校学生管理工作的专业化；要完善"以需求为导向"的服务体系，尊重新时代大学生的个性化需求和多元化发展，进一步提高学生管理体系的服务质量；要吸收借鉴国外先进的管理理念和方法，推进人才培养模式改革，不断提升学生管理水平和效益。

（二）推动教育管理体制改革，构建新型的高校学生管理体制机制

我国传统的"条块结合"的高校学生管理运行机制由于层级多、信息传递速度慢且容易失真，对学生需求的反应比较慢，学生的意见和需求往往需要经过层层传递而难以快速传达给学校领导。这是由于管理层次多、各层级职责权限不清晰、管理人员多且机构庞大，管理幅度却相对狭窄。另外，"条块结合"的体制强调行政化和综合化，不能充分发挥高校学生管理专业化的作用。学分制被我国高校逐渐采纳并实行，在一定程度上冲击了传统班集体的管理。因此，高校可以适应弹性学分制或书院制改革的要求，强化服务和管理育人功能，将学术事务和非学术事务有机融合，围绕学生利益，实时了解学生思想动态，创造性地开展学业指导、心理咨询和创新创业教育，积极发挥专业教师的功能，帮助学生顺利完成学业，提高学生事务管理的效能，整体上推进"三全育人"的体制机制。高校学生管理也是一项系统工程，高

校要设计行之有效的思想政治教育融入路径，充分发挥价值引领功能，注重体制结构的层次性和整合性。因此，构建扁平化、层次少的高校学生管理运行机制显得非常必要。新型高校学生管理体系强调促进学生学习与发展，追求每位学生的卓越成长，采取合理的组织架构以确保管理机制的高效率运转。

（三）加快高校学生管理的专业化进程，提高服务水平

第一，理论的专业化。要实现高校学生管理理论的突破，首先，必须以相对完整的理论基础和知识体系作支撑，其次，要积极推进管理理念、目标、内容和手段的创新，才能在新时代促进高校学生管理专业化、学术化水平的提高。我国高校学生管理的专家、学者要关注理论发展的前沿动态，整合相关学科资源，结合我国社会主义大学的办学实际以及一线管理人员的实践经验，形成具有中国特色的高校学生管理的理论体系，指导推动我国高校学生管理工作的积极发展。

第二，人员的专业化。专门人才的专业化设置是高校学生管理专业化的重要标志之一。思想政治教育、社会学、心理学、传播学、管理学等专业都是适合从事学生管理工作的专业。根据学生管理内容的多样性，高校应同时选用其他相关专业的人才从事该学生管理领域的工作，并对这些专业的人才进行学生管理相关课程、知识和技能的培养与训练，让其能在学生管理的岗位上发挥应有的作用。

高校学生管理工作要直面重大的理论和现实问题，解决学生的实际困难。一是要重视对工作案例的研究，提高解决问题的实效性；二是加强政策研究和咨询服务，将研究成果及时应用到工作实践中；三是加强国际比较研究的本土化借鉴，总结历史经验教训，提高批判性思维能力和国际对话能力。

第二章　高校学生管理工作面临的机遇、挑战及创新的必要性

第一节　高校学生管理工作面临的机遇

随着科学技术的迅速发展、经济水平的不断提高，以及高校教育改革的不断深入，我国高校学生管理工作面临着多方面的机遇与挑战。基于此，本章通过对高校学生管理工作的机遇、挑战及创新的必要性进行分析，以期为高校学生管理工作的开展提供借鉴。

一、信息技术给高校学生管理工作带来的机遇

（一）便于师生间的沟通交流

在传统的教学中，高校教师只需要一本书、一张嘴、一支粉笔，就可以完成教学工作。但是长期采用这样的教学方式，会使许多学生感觉枯燥乏味，失去学习的兴趣。而高校教师应用现代信息技术，将文字、图形、动画、视频、声音等组合在一起，能刺激学生的多种感官，帮助学生较快、较好地掌握知识。同时，高校教师应用现代信息技术后，可以不受时间、地点的限制，随时随地与学生沟通，从而强化对学生的管理。

（二）促进学生参与管理

高校学生管理工作有很大的难度，因为学生是管理工作中不可控的因素，一旦学生出现问题，就可能对高校学生管理造成严重的不良影响。但大学生对信息技术十分熟悉，高校学生管理工作者若能在学生管理工作中充分应用信息技术，则能够激发学生参与管理的积极性，有效提高高校学生管理的效率。

二、"互联网＋"给高校学生管理工作带来的机遇

（一）丰富学生管理工作内容

高校可以通过充分利用互联网技术来提升管理工作的效率，扩大管理工作的范围，加大管理力度，为教学工作保驾护航。基于此，高校学生管理工作者可以通过互联网渠道搜集更为全面、广泛的有效管理信息，整合各领域的有效资料，将其融入日常管理。

除此之外，高校学生管理工作者可以借助互联网上的各学习平台和网站获取与学生管理相关的资讯，将其整理和总结后融入实践管理，并学习和借鉴其他院校的有效管理措施，取其精华进而革新和优化本校学生管理方式。高校学生管理工作者应不断提升自己的职业素养和管理水准，提高管理工作的专业性和科学性。高校学生管理工作者还可以在社交软件上创建微信群等，及时追踪学生的学习、生活状态，对学生遇到的问题进行归纳和总结，并将其融入管理工作，吸引学生的关注，促进学生管理工作的顺利开展。

（二）增加师生间的情感交流

互联网具有共享性、传递性，高校在开展学生管理工作时可以利用互联

网技术来增加师生间的沟通交流，并拓宽沟通渠道。例如，学生可以利用钉钉软件在评论区写下自己在听讲、做题时遇到的问题和困惑，师生可以在评论区互动，教师为学生提供解题思路或指导性意见，从而帮助学生突破瓶颈，这也为教师全面了解学生提供了有效途径。教师还可以结合本校实际教学情况设计调查问卷，发放给各位学生，借此与学生进行沟通，了解学生的想法与需求，从而及时调整教学方案。此外，高校学生管理工作者还应在了解学生的基础上，结合学生的学习现状和情感变化制定出科学、合理的学生管理条例，减少学生管理工作的任务量。

（三）提升学生管理工作效率

高校颁布的管理条例等相关信息的传递速度直接影响着高校学生管理工作的开展。在互联网技术蓬勃发展的背景下，信息传递速度的提升为人们的工作和生活都带来了一定的影响，有助于高校转变传统的信息传递模式，并提升高校学生管理工作的开展效率。基于此，高校学生管理工作者应积极接纳互联网背景下衍生的各种信息交流平台，顺应社会发展趋势，发挥互联网技术的有效性，高效完成学生管理工作。例如，高校学生管理工作者可以通过微信群等渠道来发布管理信息，借助新媒体快速传播的特性来提升学生管理工作效率。此外，高校学生管理工作者可以借助多媒体技术向学生播放与学生管理相关的视频、图片与声频，进而使学生能够直观地学习规章制度与管理策略，进而有效提高学生管理效率。

三、大数据给高校学生管理工作带来的机遇

（一）提升工作效率，做到精准管理

将大数据引入学生管理工作中，可以让高校学生管理工作者站在客观角

度分析问题，利用大数据实现精准管理。高校学生管理涉及高校各职能部门，因此利用大数据分门别类，逐一对应建档，可以省去很多重复性工作。将大数据引入高校学生管理工作中，可以让高校学生管理工作者及时发现管理中的漏洞或者问题，一旦发现问题，即可迅速调配资源、查漏补缺，保证工作有条不紊地进行；将大数据引入高校学生管理工作中，可以使学生的各类信息交叉互补，尽可能地避免以往工作中繁杂无序的现象出现，使学生管理工作日趋结构化、合理化。

（二）创新管理思维，提高管理水平

在高校学生管理工作中，工作者要打破传统的固化思维模式，适应高校为社会培养人才的这一终极目标，时刻关注社会对学生的需求变化，实时关注数据资源库的更新拓展，以学生专业对应就业岗位，使高校教育资源与社会就业市场相匹配；要在学生管理系统中不断完善学生的信息要素，同时将社会岗位需求通过各种形式反馈给预就业学生，做到信息传达无疏漏、渠道畅通无阻塞。

将大数据引入高校学生管理工作中，不单纯是管理方式的改变，更重要的是管理理念的转变。因此，高校要不断提升学生管理工作者对大数据的重视程度，加强业务培训，使他们都能够熟练地运用计算机、网络，充分实现数据共享，掌握数据管理的精髓，为高校学生管理提供强有力的技术支撑。高校学生来自全国各地，原生家庭、学生生源地教育水平等因素使学生千差万别。利用大数据，高校学生管理工作者可以更有效地对学生实现差异化管理，在学生管理中贯彻"以学生为本"的理念，关注每一个学生的创意和想法，从而有效防止学生情绪失控导致校园极端事件的发生。学生只有心情顺畅，才能够自发地配合管理，积极参与文明校园的建设。

（三）加大信息宣传力度，培养学生信息化意识

高校管理工作的主要对象是学生，因此高校学生管理工作者不仅需要提升自身的信息化能力，还要大力培养学生的信息化意识，提高学生的网络信息水平，引导学生自觉地使用网络查阅资料、进行课程学习等，让学生能够使用信息化技术来提升自我。与此同时，高校学生管理工作者不要忽略对学生开展网络安全教育的宣传、引导，要定期对学生进行相关知识的宣讲培训，让学生在绿色环保的网络环境下快乐地学习和成长。

（四）利用大数据开展学生就业指导

很多高校的学生对自己以后的人生并没有一个清晰的规划，因此高校学生管理工作者要学会利用大数据对学生的学习、择业和就业进行指导，根据学生数据中反映出来的情况，帮助学生针对性地制定长远规划和短期目标，由此进行相应的学习，使学生毕业后能找到自己能胜任的、合适的工作岗位。高校学生管理工作者可以根据大数据对学生的专业能力、自身性格等特点进行分析，从而更加有针对性地指导学生就业，使其发挥自身优势。

四、校企合作给高校学生管理工作带来的机遇

（一）打通学生的职业通道

在校企合作模式下，高校可以将企业发展需求直接引入课程体系，使学生充分掌握企业的实际发展情况，进而调整学习目标，制订出合理的学习计划。此外，高校还可以利用工学结合、顶岗实习、学徒制等模式，提升学生的技能水平，使其充分明确自身专业知识和相关操作流程。这样可以保证学生在学习过程中积累大量的实践经验，在习得操作技能的同时，潜移默化地

实现从学生到职业人的转变。

（二）提高教师专业技能水平

受传统教育的影响，很多教师只注重理论知识的讲述，这导致学生在课堂上难以习得相应的操作经验和技能。高校与企业的深度合作正好能够给教师提供实操训练条件，进而给其丰富教学内容带来一定便利。另外，在这一模式下，教师还可以重点掌握企业的真实管理模式及人员的实际情况，进而在相互交流当中更新自身的专业知识和实践经验，创新教学内容和方法。

第二节　高校学生管理工作面临的挑战

一、信息技术给高校管理工作带来的挑战

（一）技术管理水平较低

众多高校的计算机信息技术操作管理人员的职业技能水平还需提高，其在操作方面的不专业、不娴熟导致信息技术没有发挥出应有的效用，从而影响高校学生管理工作的顺利开展。

（二）对信息收集不全

使用信息技术管理手段进行高校学生管理工作，需要做好大量的前期准备工作，对每名学生的基本信息进行实时录入，并且要做到准确无误。但是高校学生管理工作者对此项工作的懈怠，导致针对学生信息的收集工作不全

面，给后续要开展的管理工作造成了极大阻碍。

（三）对网络资源运用得不到位

高校学生管理工作者需要适时借助网络上各种各样的信息资源和热点动态，并结合自身情况，开展相应的学生管理工作。但是现阶段，在实际的学生管理工作中，大部分高校还没有意识到网络时代信息技术对学生管理工作的重要性，导致对其利用程度较低。

二、"互联网＋"给高校学生管理工作带来的挑战

（一）多元、开放的互联网环境导致学生产生不良思想观念

互联网本身就是一个开放的生态系统，而"互联网＋"时代显著的特征就是信息开放性、文化多元性。处在这种"互联网＋"环境下，高校学生既能够获得便利，也会受网络上不良思想与价值观的影响，从而加大了高校学生管理的难度。首先，在"互联网＋"环境下，各式各样的文化思想、信息潮流及思想观念不断涌现，而高校学生正处在三观形成的重要阶段，若负面思想观念涌入高校，则会导致高校学生思想观念产生偏差，甚至会对其身心健康发展造成不良影响，这进一步加大了高校学生管理工作的难度。其次，在"互联网＋"环境下，学生的视野也在信息开放环境下得到了有效拓宽，学生接收信息的途径相较于之前有了明显的增加，这导致高校学生管理工作者无法对学生的具体思想动态进行把握。

（二）传统管理模式无法适应"互联网＋"时代的需要

在"互联网＋"视域下，传统的高校学生管理模式表现出了不足之处，如管理模式混乱、管理体制僵化、管理环节冗杂等，导致高校相关部门职责

出现界限模糊、信息沟通反馈滞后等情况，不适用于"互联网＋"形势下的高校学生管理。传统模式下的高校学生管理大多有着严格的管理制度、单项化的管理模式，学生只能被动接受管理，而新时代的学生自我意识较强、个性突出，处在这种管理模式下的学生很容易产生抵触心理，这不利于高校学生管理工作的顺利开展。

三、大数据给高校学生管理工作带来的挑战

（一）管理反馈的滞后性

在大数据背景下，高校学生的管理工作应是动态化的、柔性的，不应是专制的、定向化的，尤其是随着外界环境的影响，学生的心态、学习、消费等情况都是动态的。因此，传统的以权力为主的管理模式，并不能发挥教育、引导的作用。但是，目前我国高校学生管理模式是一种强制性、被动性的管理模式，学校发现存在的问题后，一般通过制定制度来阻止、限制，而不是引导、感化。

（二）缺乏个性化管理

目前，高校学生管理工作中往往存在一刀切的现象，主要表现在以下两个方面：①采用统一教学方式，不能兼顾所有学生，尤其是一些学习基础差、理解能力差的学生。②在生活、社交等方面，管理过于教条，尤其是一些思想相对传统的教师无法结合时代发展趋势引导学生，导致学生产生反感、抵触情绪。例如，当前学生喜欢追求刺激、喜欢网游、喜欢新潮的服装等，这些行为只要在一定范围内，并无大碍，教师了解到这些信息时，不应全部否定，而应积极引导。

（三）技术平台建设落后

在大数据时代，高校的信息化建设是保证高校持续、稳定发展的重要途径。当前高校虽然已经在信息化建设方面取得了一定成就，但只有不断进行对信息技术进行优化，才能满足新时代数字化、信息化、智能化高校建设的发展要求。在高校学生管理工作开展的过程中，每个环节的数据获取、分析、计算、存储、传送等都需要相关技术的支持。以高校教务系统管理平台为例，不同的管理平台由不同企业研发，其数据之间缺乏必要的衔接，上下层管理部门数据信息无法得到及时沟通，导致数据分析存在误导性，不能真实反映大学生的状况，也不利于高校学生管理工作的开展。

（四）数据处理难度加大

在大数据时代，信息资源的获取更加便捷，实现这些数据价值的核心路径是数据处理，但海量的数据信息使高校学生管理工作的数据处理难度增加，尤其是大量非结构化、半结构化的数据信息都是数据处理的对象，并且数据信息数量的激增会造成数据信息质量的降低，无效数据和干扰数据的大面积出现直接增加了数据处理难度。当今时代网络资源具有开放性，各类信息都很容易进入学生视野。由于学生的认知能力和价值观念尚未完全成型，其很容易受到负面消息的影响，形成个人主义、拜金主义等迷失自我的行为。高校大数据管理体系建设不完善，使学生个人数据信息的完整性和一致性较差，这不仅不利于高校学生管理工作者及时发现学生存在的问题，还会对其产生阻碍作用。

（五）学生管理信息收集不全

在大数据背景下，我国高校学生管理工作面临着信息收集不全的问题，主要表现在以下几个方面：

第一，高校师资配比并不合理，负责高校学生管理工作的教师较少，很难兼顾对各方面信息的搜集,学生事务管理内容繁多,使教师不堪重负。

第二,学习方面数据信息的收集较为片面,虽然当前很多高校学生管理工作者已经意识到全面发展的重要性,但是对学生的评价还是以成绩评价为主,并不重视对学生活动的相关评价,过分重视评价结果,重视奖项、成绩,而忽视学习过程中的态度。

(六)数据分析技术水平不高

随着时代的发展,高校学生管理工作与大数据、互联网不断结合。但在结合过程中,数据分析技术水平的低下却成了一大阻碍。目前,大部分高校在应用大数据系统时还沿用之前的系统模式,对于系统的使用倾向于"照搬",而不是在对自身进行详细规划和考察后选用或者改进系统模式,这导致高校学生管理工作整体效率降低、精度不高,做不到对数据的有效分析。此外,还有部分高校在数据的应用操作方面存在很大程度上的欠缺,这是由高校学生管理工作者的操作水平低造成的。

(七)高校学生管理工作者缺乏大数据思维

大数据技术在其他领域的成功运用并未引起高校学生管理工作者的足够重视。一方面,高校各部门间未共享数据,存在"数据壁垒"和"信息孤岛"现象。这不仅降低了工作效率,还增加了基层学生事务管理工作人员的工作量。例如,就业指导中心和教务处均需要学生的生源数据,因此辅导员要将数据分别提供给就业指导中心和教务处,这样增加了辅导员的负担,浪费了辅导员的时间和精力。另一方面,面对某项决策时,不少基层学生事务管理工作人员未从全局考虑、深入分析各项学生数据之间的联系,而是仅凭过去的工作经验或简单的数据分析做决定。

四、校企合作给高校学生管理工作带来的挑战

（一）自我定位不准确

现阶段，社会经济发展急需各种高素质人才，因此出现很多高校突击性地培养学生能力的现象。在此背景下，高校学生管理已经变成整个学校教学工作中的一项从属工作，高校在决策上存在着只要按质、按量完成教学任务即可的观念，无论是对学生管理工作的重视程度，还是对学生管理工作的基本认识，都亟待进一步提升。这种只注重教学，而忽视对学生综合素养及文化知识的培养的现象导致高校与学生的发展都受到了阻碍。

（二）管理措施亟待加强

受各种历史遗留问题的影响，国家的各种政策和相关的学生管理措施都无法有效地落实到位。这主要体现在一些高校将教学重心完全放在了对技能的传授上，而忽视了教学改革与学生管理，最终导致学生综合素质无法得到充分提高。另外，部分高校为了顺应改革潮流也制定出了一些落实措施，但因为缺乏学生管理工作经验，很多措施的落实情况并不乐观。

（三）管理制度缺乏灵活性

从当前的实际情况来看，一些高校为了学生管理工作能够顺利开展，经常把事务性的学生管理工作和学生思想政治教育混合在一起，致使大部分事务性的学生管理工作挤占了思想政治教育的时间。在校企合作机制建立之后，班级原本的整体性受到了破坏，但相关的学生管理制度还没有及时调整过来，无法和校企合作机制进行有效衔接，进而使学生管理工作出现了疏漏，给学生综合素质的提高带来了不利影响。

五、学分制给高校学生管理工作带来的挑战

学分制打破了传统高校学年制的学习要求，主张修满学分就能毕业，使学生可以自行安排大学的学业进度，充分体现了"学习自由"和"教学自由"的教育理念；增强了学生的学习弹性，调动了学生学习的积极性和自觉性，满足了个体发展需要。

以往的学生管理是以班级管理、年级管理为主的纵向管理。近几年来，高校大力推广选课制和弹性学分制，大部分学生每节课会和不同的同学在一起上课，传统的学生管理方式已经不能满足学分制改革的需要。学分制模式下的"同学"，只是某一门课程的同学，同学间的集体交流互动往往仅仅局限于该课程教学期间，同学间除了上课期间的沟通，基本没有集中的交流学习机会。

学分制模式主张修满规定的学分后，学生可以毕业，并可以自主选择课程和进度，部分学生为了提前毕业，在选择课程上可能会更多地考虑课程是否冲突、如何尽快修满学分，而对于综合素质培养方面的考虑较少，这在一定程度上违背了学分制管理的初衷。

此外，在学分制模式下，大学生在课程选择、困难补助、勤工俭学、社会实践、思想政治、素质提升等方面不能再依赖传统的班集体的统一安排、统一指导。这对于从初中、高中这种传统班级教学模式下进入大学校园的学生来说具有一定的难度，因为他们需要尽快适应新的教学环境和安排，必须具备独立思考和判断等自我管理与人际交往方面的基本能力。

第三节 高校学生管理工作创新的必要性

一、是经济社会快速发展的必然要求

随着市场经济的发展，高校学生管理正面临一系列的转变，如学生工作的部分管理职能正在向服务职能转变；固定学制正在向弹性学制转变；经济困难学生的资助由原来的发放助学金、困难补助向助学贷款和勤工助学转变。这一系列的转变使原来传统的学生管理理念、管理模式的问题日益凸显，难以满足市场经济条件下高校发展的要求。

而目前与之相适应的新的学生管理理念和模式尚未完全形成，这就给高校学生管理工作带来了新的考验。

二、是信息化时代发展的必然趋势

在信息化快速发展的今天，网络的发展和普及为高校学生管理提供了新的阵地和领域，带来了难得的机遇，但同时也给高校学生管理带来了新的问题。一是由于网络信息的丰富性和开放性特点，高校学生管理工作者在获取信息的渠道、时间、数量上与大学生相比不占明显优势；二是网络的虚拟性、隐蔽性使得网络成为有害信息的滋生地和传播地，导致有的大学生沉溺于网上的虚拟世界不能自拔，这给高校学生管理带来了新的挑战。

三、是适应我国高等教育发展的需要

  高等教育的全球化给高校学生管理模式提出了更高的要求。在这种情况下，我国的高校学生管理必然要与世界先进高校的学生管理接轨，用新的管理理念、管理体制、管理模式来适应时代发展的要求。同时，高校教学体制改革使高校学生管理面临新的变革。目前，全国各高校普遍实施学分制。在学分制下，高校学生管理打破了学年制整齐划一的教学管理模式，除了对学生进行教学和思想生活管理，高校还需要帮助学生构建合理的学科知识结构，指导学生由定向学习变为自主选择性学习。因此，高校学生管理必须实现由学年制下的指令性管理向学分制下的指导性管理的转变。

  高等教育从精英教育向大众化教育的转变是一国经济发展到一定阶段的必然产物。这种转变并不仅仅体现在大学生数量的变化上，还体现在结构和性质上。在这一大环境下，高等教育在注重全体学生获得知识和体验的同时，更要注重学生个体发展的差异，注重发现学生的闪光点，强调给学生创造一个自主发展的空间，让其充分发挥个性优势，形成独立的人格和突出的个性。但目前高校学生管理工作仍然沿用"以管理为主"的工作模式、忽视学生个性的培养方式，在研究学生、服务学生、尊重学生个性方面还停留在意识层面，与高等教育大众化的要求不相适应，必须加以改革。

  经济全球化是当今世界发展的趋势，作为"受经济发展制约"的高等教育，在经济全球化的浪潮中必然走向国际化。因此，高校必须根据经济全球化的要求，调整办学思路和人才培养目标，改变教学内容和方法，改革学生管理工作模式。近年来，国内外高校都把学生管理工作的重点放在大学生人文素质教育、就业指导、法律援助、心理健康教育、勤工助学、社区服务等方面，强调对学生的指导和服务。因此，创新高校学生管理模式应成为我国高校开展学生管理工作的突破口与重点。这既是总结过去、面对现实的理性选择，更是着眼未来的现实需要。

随着我国经济的快速发展,在国际上地位的不断提升,各级政府都十分重视高等教育,积极培养高层次的人才。目前,我国高校教育实现了历史性的新跨越,我国高校学生的素质培养等方面的情况越来越受到各行业尤其是用人单位的重视。高校的扩招、素质教育、自主择业等一系列改革措施的出台,都直接影响着高校学生管理的实施,都促使着高校学生管理的创新,以保证高校快速及时地培养能适应社会发展的技术型人才。

四、是提高大学生适应能力的途径

当代大学生时代感强,责任意识较弱;自我认同感强,实践能力较弱;参与意识强,辨别能力较弱;主体意识强,团队意识较弱;个性特点强,承受能力较弱。这些特点使高校学生管理工作面临着前所未有的挑战,大学生全新的行为方式和理念与传统的高校学生管理体制必将产生冲突,如不及时解决会使高校学生管理工作陷入被动。

如今,高校与社会之间的联系为大学生带来了更多发展自我、展示自我的机会,但由于社会上信息混乱,出现了一些大学生放松警惕上当受骗的情况。为此,高校应加强对学生管理模式的关注,提高学生的安全意识;坚持以预防为主的指导方针,从新的角度管理学生;更新教育管理理念,不断加强大学与社会之间的联系,不断创新学生的管理模式,完善高校学生管理制度,以帮助学生在毕业后获得足够的社会经验,更好地完成从大学到社会的过渡。

第三章　高校学生管理理念创新

第一节　高校学生管理理念创新的意义

理念本身是一个哲学概念，教育教学理念是指导教育行为的思想观念和精神追求。教育理念作为一种指导思想和价值追求，具体体现在教学和管理等活动中，并随着教学和管理等活动的发展变化而不断变化更新。目前，随着办学理念、办学方向、办学模式等的转变，高校正经历着从重视课堂教学到重视实践教学的转变，从规模扩展到内涵建设的转变。在这诸多转变中，学生管理理念的转变无疑是不可或缺的一大方面。换言之，人才教育理念的更新和培养模式的改革向高校学生管理提出了崭新的要求：高校学生管理必须主动适应教学改革的需要，积极进行多层面、多维度的"华丽转身"。

首先，在目标定位上，高校学生管理要从单一的服务于教学，转移到既服务于教学又服务于学生成长、成才、成人、成功的需要上来，要从关注学生是否顺利毕业转移到关注学生是否具备就业核心技能和就业竞争力上来；其次，在工作内涵上，要从关注学生的学习管理、生活管理、班级管理、活动管理转移到关注学生事务咨询、学生参与社会实践平台搭建、学生参加实习实训服务、学生综合素质评价等方面上来，最终实现由管理学生向引导服务学生、由学生被动接受管理到学生参与管理的管理理念的转变。总之，高校学生管理理念的转变要与教育教学模式改革同步进行。

一、时代发展的要求

当今世界，科学技术突飞猛进，知识经济已见端倪，国际竞争日趋激烈。人类社会发展到今天，人力资源成了第一资源；相对于人口数量，提高人的素质成了第一要务；科学技术的进步越来越依赖科技创新；知识经济的发展越来越依赖知识创新。国际竞争，说到底，是人才的竞争，是民族创新能力的竞争。无论是科技创新、知识创新，还是民族创新能力的提高，最关键的是人才。人才的成长靠教育。其中，高校可以说是培养高素质人才的重要基地。进行教育创新，从而适应时代对人才的需求，对高校而言无疑具有非常重要的意义。

二、社会主义现代化建设的需要

目前，我国已经进入了加快推进社会主义现代化的新阶段，面对新形势、新任务、新问题，必须坚持体制创新，大力推进经济体制、政治体制和文化体制改革，逐步消除经济建设、政治建设和文化建设的体制性障碍，为经济、政治和文化的发展注入新的活力。高校既是知识创新、传播和应用的重要基地，也是培育创新精神和创新人才的重要摇篮。无论是在培养高素质的专业人才方面，还是在提高创新能力和提供知识、技术创新成果方面，高校教育都具有独特的重要意义。高校承载着人才培养与输出的重大职责，只有不断推进教育创新，才能为我国的社会主义现代化建设提供更多的富有创新能力的人才。

三、高校教育自身发展规律的必然要求

党和政府高度重视教育工作，我国教育事业取得了举世瞩目的伟大成就，实现了历史性跨越。高等教育入学率已接近大众化水平，高校管理体制和后勤社会化改革取得了突破性进展，教育质量和办学效益不断提高，这些都是高校教育改革创新的结果。但是，我国高校教育的水平与发达国家高校教育的水平相比还有较大差距，与社会主义现代化建设需要相比还有较大差距。缩小这些差距的根本出路在于创新。

四、做好高校学生管理工作的首要条件和客观要求

随着改革开放的深入和市场经济的发展，学生对各种思想、文化的接受和选择有了更广阔的空间，社会上的各种思想和价值观念对当代大学生产生巨大的影响，给高校学生管理带来新的挑战。同时，我国高校教育的管理还存在着许多不适应之处，突出表现为原有的以学校和教师为中心、忽视学生主体性的管理模式使学生管理面临新的困境。

五、做好高校学生管理工作的逻辑起点和必要前提

当前的高等教育正由精英教育向大众化教育发展，因此高校学生管理既要把学生视为接受教育的对象，又要把学生当作管理服务的主体；既要严格管理规范，又要重视教育引导；既不能一味地追求意志统一，又要充分保障学生权益；既要强调集体观念和社会需要，又要重视人的个体需求与素质发展。21世纪的高校学生管理工作必须对管理理念进行创新，并把这种理念创

新当作高等教育大众化条件下高校管理工作的逻辑起点和必要前提。

六、做好高校学生管理工作的应有之义和关键所在

经济建设需要人才，而培养出的人才只有为社会所接纳，并转化为生产力，才能发挥作用。时代变化激发理念变化，理念变化决定时代变化。如果没有先进的理念，高校学生管理工作就缺乏正确的导向。高校学生管理工作要冲破传统束缚和实践障碍，解决好工作中的"瓶颈"问题，实现管理理念的创新。因此，从某种意义上来说，理念是管理的基础和先导，是管理的核心和精髓，是做好管理工作的关键所在。

第二节　高校学生管理理念创新的方向

一、坚持"以学生为本"的理念

高校学生管理工作要从一而终地坚持以学生为核心的工作观念，以帮助学生发展得更加全面与自主，尽量去帮助学生实现其想要完成的目标，为学生创造良好的条件及更多的发展机会；要尊重学生、信任学生、依赖学生、给予学生一定的自由，让学生在学校中拥有更多的实践机会；要以学生为核心来开展学校的工作，为学生打造一个轻松愉悦的环境，让学生可以充分展示出自己的性格特性；要关心每一个学生，重视每一个学生的成长过程，稳固树立"为学生的发展服务"与"服务促进学生发展"的高校学生管理工作

观念。高校只有在思考学生需求、保障学生利益的基础上，制定出有关策略及学生管理体系，才可以在实施过程中实现管理体系、管理模式及管理过程"以学生为本"的目标，从而推动高校学生管理水平的提高。

（一）"以学生为本"理念的内涵

当前，"以人为本"的社会发展理念已经深入人心。教育是有目的地培养人的活动，人是教育活动的中心。因此，教育应当坚持"以学生为本"的理念。以教师、教材及课堂为中心，学生处于被管理的地位，是我国教育的传统模式。这种教育模式忽视了对学生潜能的激发，阻碍了学生的发展，限制了学生创新思维的发挥，进而影响了我国教育的人才培养质量。

因此，只有革新我国学生管理理念，将"以学生为本"的理念融入学生日常学习、生活管理，才能真正解决我国高校学生管理工作面临的困境。

"以学生为本"是"以人为本"的管理理念在高等教育管理，尤其是在高校学生管理中的具体实践和应用。"以人为本"的"本"字主要体现为人是社会历史的根本，人是社会价值的根本，人是一切问题的根本。也就是说，人是现实世界的中心，是处理和解决一切问题的出发点和落脚点。理论都有其逻辑起点、本质和具体内涵。"以学生为本"的逻辑起点就是要把学生，特别是学生发展作为教育活动的主体，一切教育活动都从学生的发展出发。"以学生为本"的本质是以学生为主体，在学生事务管理中，坚持学生利益第一的方针，谋发展，促进步，想学生所想，急学生所需。

"以学生为本"的具体内涵主要有一般内涵和文化内涵，前者主要是指学生全面、和谐发展，让全体学生都得到发展、让学生主动发展、让学生个性得到充分发展、让学生实现可持续发展。后者主要着眼于培养学生的主体人格，立足于促进学生的和谐发展、致力于满足学生的多元需求、落脚于提升学生的幸福指数。具体而言，"以学生为本"的理念有如下几个方面的内容：

第一，要明确学生的主体地位，从学生的实际出发，尊重学生地位，在教育实践中落实服务学生的管理理念,为学生的学习、日常生活创造一个良好的条件,促进学生成长、成才。

第二,要着眼于学生的发展,加强对学生的教育、指导及服务,将学生自我管理引入高校学生管理中,充分发挥学生潜能,实现学生主动、全面及自主的可持续发展。

第三,善于培养学生,注重对学生个性的塑造,尊重学生的兴趣爱好,培养学生的创新能力,挖掘学生的潜能,重视培养学生的正确价值观,将爱国、敬业、诚信及友善等高尚道德融入学生生活的每一个领域。

(二)"以学生为本"理念对高校学生管理的必要性

高校学生管理工作坚持"以人为本"的理念,既是时代的要求,也是当前的形势所需。因此,高校学生管理工作必须坚持"以学生为本"的理念。

第一,由教育的本质决定。教育是根据一定社会现实和未来需要,遵循年轻一代身心发展规律,有目的、有计划、有组织地引导受教育者获得知识技能、陶冶思想情操、发展智力和体力的一种活动,以便把受教育者培养成适应一定社会(或一定阶级)的需要和促进社会发展的人。在学校教育活动中,教师应当树立"以学生为本"的思想,不仅要传授给学生知识,还要促进学生全面发展,尤其体现在学生思想品德、智力、体力及个性化发展方面。

第二,将"以学生为本"理念应用于高校学生管理制度改革是形势所需。1949年以来,我国高校学生管理制度在价值取向上以社会或高校发展为主,忽视了学生的主体地位。在制度内容上,仅仅涉及学生学籍管理、学生学习及创新学生管理方式等方面。所以,"以学生为本"不仅为高校学生管理工作提供科学的指导理念,还为高校学生管理制度增添了新的内容,能够促进学生全面、有个性地发展。

第三,"以学生为本"理念是高校学生管理的必然要求,为正确处理普通高校学生管理问题提供了依据。大学生群体积极、健康向上,独立性、选择性、多样性和差异性日益增强，他们的思想、价值观越发多样化，加大了高校学生管理的难度。而且学生法治意识觉醒，高校学生管理的矛盾不可避免地会引发高校与学生之间的纠纷。

二、引入社会支持理念

高等教育发展逐步实现大众化，这使更多的青年能够进入高校学习与生活，让高校学生管理工作变得更为困难。高校学生群体中出现的更为复杂、多重的显性和隐性社会行为问题暴露出以往行政管理方式的弊端：没有办法满足学生多样化的管理需求；难以适应现代大学内部管理要求。社会工作作为一项以利他主义理念为基础的专业社会服务活动，以提供福利服务为宗旨，以助人自助为本质内涵，以尊重、平等为理念，以开发人的潜能和促进人的发展为目标，可以填补以往传统高校学生管理工作上的不足之处。所以，把社会工作引进高校，能够给高校学生管理工作带来更为多样化、人性化的管理方式，满足高等教育大众化发展中学生的诉求。高校社区是以高校学生生活聚集区域为范围构建而成的，依靠校内食堂、宿舍、超市、室外运动、文教娱乐等设施的资源整合，建立起一个能够以住宿、活动、学习、教育与生活为一体的活动区域。对高校学生来说，它不仅是学生学习、生活的地方，还是学生与"小社会"交往的空间。

随着高校学生社交范围的扩大，其学习和生活的环境需求也在不断地发生变化，不再局限于学习区域，呈现出多样化的需求特点。在这种情况下，各大高校也在依靠校外建设不断搭建高校群和一些附属服务设施，来缓解高校学生数量不断增加所带来的压力。例如，近些年的高校社区公寓群依靠其完善的生活服务设施和教学区的独立设置，给高校社区的搭建带来了优异的条件。在搭建中，高校社区需要时时注意社会的发展以及学生需求的变化，以最为有效的方式和战略来促进高校学生管理，满足学生所需。

从社会支持理论视角分析高校社区学生管理与培养问题，将社会工作理念融入高校社区的第二课堂建设，一方面有助于形成科学的管理培育体系；另一方面能够促进高校以合情、合理的方式育人，真正做到"以学生为本"、助学生自助。社会工作参与高校学生管理，需要发扬社会工作专业的优势，把社会支持理论和实务方法相结合，调节高校、学生和家庭之间的关系，促进学生对潜力的挖掘，培养学生的民主观念及社会参与意识。

从社会知识理论的角度来论述，个体占有的社会支持网络资源越多，在面对来自各种环境的挑战时就会越从容。个体占有的社会支持网络资源分为两部分，即个体所有的资源和社会共有的资源。专业的社会工作是以社会工作理论为基础的，注重通过影响个体的社会支持网络而改变个体生活。对缺少社会支持网络资源抑或是没有办法充分利用社会网络的个体来说，社会工作可以为他们弥补社会支持的缺口或漏洞，甚至可以帮助他们扩大社会支持网络，促进他们充分利用社会资源，最终实现改变个体生活的目标。

三、贯彻主动安全理念

（一）主动安全及其理念

1.主动安全的定义

"主动"在词典里的基本释义是：不待外力推动而行动，能够造成有利局面，使事情按照自己的意图进行。主动安全是在人们对客观事物的自身特性和发展规律的认知的基础上，主动寻找、发现，并消除或控制设备、环境、工艺流程及人的作业过程中存在的危险物质，积极、主动、全面地把控应急救援，从而在日常安全管理中主动规避危险，在事中主动顺势而行控制危险，主动应对、规避危险。

近年来，国内外在汽车主动安全领域得到了长足的发展，并在汽车主动安全技术方面取得丰硕成果，主动安全的理念渐渐进入人们的视野。主动安全的理念关注人的自主管理，关注人在管理、设计、规划中的主动性，强调人对危险的主动规避、顺势应对、控制。主动安全理念是未来安全领域研究的大趋势。首先，从主动安全理念的相关定义可以看出，本质安全是从设备自身的安全性角度思考，使其具备安全性；同样地，产品安全理念也要求在产品的设计、制造、运行过程中考虑安全方面的因素，表现出了人的主动性在本质安全、产品安全中发挥的作用。

2.主动安全理念的内涵

主动安全理念的核心要素有三个方面：一是以人为中心，充分发挥人民民主力量在安全管理、应急救援中的主动性；二是通过人的因素，将主动安全的理念引入建筑、产品、各类系统的设计以及人的安全教育中；三是主动安全理念功能的实现需要政府、企业、消防、各级组织以及人民群众一体化的有效协作。

一方面，主动安全理念更多强调提高人们的安全意识和人们的风险认知、识别能力，以及改变人们对待安全的态度，引导人们在日常生活、工作中能够积极主动地发现身边存在的危险，并进行识别、反馈、监督，从而对存在的危险因素进行消除、控制或规避，提高社会的安全管理水平和降低事故的发生概率。

另一方面，主动安全理念引导设计者有主动安全的意识，将主动安全作为指标引入设计理念中，从设计源头上消除、减少安全隐患。同时，主动安全理念要求制造商在生产产品、设备时主动严格控制人为因素对产品、设备质量安全的影响。此外，主动安全理念引导人们在突发事故或灾难中主动救援，因势利导，利用一切条件，根据事故发展状态制定自救、互救、逃生策略，并展开自救、互救行动，减少人员伤亡，降低事故带来的损失。

以上所有一切活动的展开均是以人为中心的，所以主动安全理念是围绕人的主动性在安全活动中进行的。主动安全理念引导人充分发挥自身主动性，实现在一切活动中主动消除、控制危害因素来实现安全目标，因此主动安全理念几乎适合所有的安全活动，可适用于所有的安全领域和安全系统，能够最大限度地减少危害因素，为事故预防、事故救援提供最大的安全保障，对国家和社会的安全稳定与发展有重要的意义。

（二）主动安全的相关内容

主动安全致力于通过充分发挥以人为中心的安全主体的主动性，追求制度、文化、系统、人、物等各要素的主动安全性、安全可靠性，使各类危害因素处于人的主动有效控制、抑制的状态，同时追求"人"在安全管理中主动对安全隐患的全面把控，在事故中主动应对风险、主动进行应急救援。这是主动安全的大目标之一。

此外，主动安全致力于将安全领域、应急救援领域、防灾减灾领域等的理念统一起来，形成全面的主动安全理念，通过建设主动安全系统、主动安全体系、主动应急救援系统、主动应急救援机制，创造主动安全型社会环境，形成中国本土的主动安全文化、主动安全理念。从另一个角度来讲，主动安全理念的目标就是使潜在的故障更加明显，提前放大各安全管理阶段潜在的危险并主动解决。

（三）主动安全理念对高校学生管理的必要性

首先，高校学生管理具有客观存在性、突发性、可预见性的特征。客观存在性表现为在现实生活中客观存在各种不同的安全隐患和各类安全事故，校园生活中存在的安全隐患及各类安全事故也不例外；突发性体现为近些年来高校突发事件时有发生，突发性事故严重威胁了学校师生的生命财产安全；可预见性表现在虽然高校安全问题具有客观存在性和突发性，但是通过加强高校学生安全文化教育、风险识别能力培训以及校园安全管理，采取积极主动的有效措施，大部分安全隐患可以得到控制，安全事故也可以得到避免。

只要发挥高校学生群体的主动性,校园安全问题就将得到客观的预防和解决。

其次,高校学生的年龄普遍在 18~22 岁,其存在单一性、安全意识淡薄、抗挫能力差的特征,但其学习能力和对新事物的接受能力较强。高校通过积极主动的安全教育和应急救援能力培训,可以提高学生的安全意识和应对风险时的抗挫折能力,进而提高其主动参与高校安全管理的积极性。

最后,高校安全管理具有有效性和复杂性的特点。现阶段的高校与城市、社区的联系越来越紧密,高校的安全管理需要更多的力量参与。但是,就目前高校安全管理制度和管理结构而言,大部分高校安全管理主体结构和应对力量单一、安全隐患信息传递迟滞,部分高校针对这种现状表现出"无能力"的迟滞状态。因此,大学生安全意识薄弱、风险识别能力较差,安全管理参与度低,导致了高校安全隐患和突发事件不断暴露。

此外,部分高校教学设备、实验设备及用电设施复杂多样,管理制度混乱,老化程度不一,也导致了安全隐患的不断暴露。因此,高校要充分培养大学生的主动安全意识,培养其安全管理能力,弥补高校安全管理结构和力量的不足。

四、树立服务、教育、管理一体化的理念

高校学生管理工作者应先以服务者的姿态出现,树立服务意识,在情感上拉近与学生的距离,得到学生的信任和理解,并在实施服务过程中形成平等交流的气氛,从而产生双向互动的效果。把服务作为管理的先导表现为高校学生管理工作者树立"以学生为本"的意识,了解学生普遍关心的问题、学生迫切需要解决的问题,进而在管理过程中对症下药。

树立服务意识还体现为为弱势群体学生服务,为他们提供奖助学金和经济援助,以解决其后顾之忧。高校中有一部分学生的家庭条件比较困难。高校学生管理工作者要树立服务意识,关心这些困难的学生,并通过设立奖学

金、为贫困学生申请贷款、提供勤工助学岗位、实行缓期交费制度和给贫困生发放补贴等方式帮助其渡过难关。

树立"以人为本"的理念不是把管理抛到一边,只讲服务,而是要以学生管理为依据,在管理的支持下实施服务。在高校学生管理中,高校将管理作为服务的支撑和保障,既能更好地为学生提供服务,同时能更有效率地实施管理。

为学生的成长和成才创设良好的氛围,促进学生发展,从而服务于高校培养人才的使命才是高校学生管理工作关注的重点。"以学生为本",牢固树立为学生服务的理念,紧紧围绕学生的需求,构建顺应学生发展的教育、管理和服务三位一体的学生工作体制,是高校学生管理工作可持续、协调发展的必然选择。学生规模的不断扩大,学生工作职能的不断丰富,学生事务的不断增多等导致高校学生管理工作的开展不顺畅,缺乏系统性与灵活性,这不利于学生的全面发展。因此,高校学生管理工作者要树立学生工作的教育、管理、服务一体化的理念,树立"以学生为本"的理念,这就要求高校学生管理工作者把教育过程、管理过程和服务过程相结合,使三者相互渗透、相互促进。

五、践行民主化理念

高校学生是一个具有较高素养的特殊社会群体,他们对事物的认知有着别具一格的见解,反感管理者的命令式管理。因此,高校学生管理工作者必须强化民主观念,彰显人文管理精神。在高校学生管理工作中,学生的主体地位不可动摇,高校学生管理工作者要做到一切为了学生,爱护学生、理解学生、尊重学生,努力营造平等、民主的育人氛围,还要让学生在管理活动中参与决策。

当今社会在不断进步和发展,高校学生的思想观念、道德行为、价值取向等发生了深刻的变化,高校学生管理工作者要引导学生加强自我管理,提高他们未来的生存能力和发展能力，使他们养成正确的学习生活习惯，树立正确的人生观、世界观、价值观。

第三节　基于柔性管理理念的高校学生管理的创新

一、柔性管理的内涵

柔性管理理论来源于 20 世纪 50 年代兴起的现代管理科学，是其行为科学流派倡导的以人为中心的理念的发展，属于欧美现代经济管理科学的概念之一。

柔性管理以柔的原则和软的控制为特点，它遵循的是人的心理和行为规律。实施柔性管理绝不能一蹴而就，仅仅凭借制定几条纪律、制度和规定也是不可能实现的。比起刚性管理，柔性管理更讲求人文性，所以也被叫作人性化管理。柔性管理是相对刚性管理而言的，实施柔性管理的前提是遵循人的心理与行为规律，它的核心是非强制，即工作途径不是通过强力外在约束，而是设法说服管理对象，把组织意志变成管理对象的自觉行为。柔性管理一直以人的心理和行为规律为基础，旨在唤醒人的潜力、创造性和主动性，让人的尊严和价值得以彰显，满足被管理者的社会需求、心理需求和价值需求，最终实现的目标是人的自觉行动。柔性管理的实质是"以人为本"、围绕人和人的需要来进行的管理。

社会的进步与人类文明的发展催生了柔性管理模式。这一模式让现有管理模式的积极成果得以继承，排除了其重大缺陷，是中西管理理念的融合，能够激发人类全部的管理潜质。柔性管理是和传统管理模式——刚性管理相对而言的，这一管理模式对管理实践中的所有文化要素、伦理道德及其他柔性特征都进行了研究，它深化了人们对现代管理活动（包括实践与认知）的认识，发现了现代管理活动的本质。柔性管理的特点是彰显管理中的人文性，实施的是伦理管理模式，与以工具理性为特征的企业文化和伦理相比，柔性管理更高一筹。企业文化是刚性管理的范畴，也是功利论的一部分，其前提是提高生产效率和效益；柔性管理则强调价值理性，约束工具理性，凸显企业文化的特质，它顺应了人类全面发展的要求，而发展成为一种独立的管理模式。这一管理模式的导向是伦理精神，原则是对柔的运用，强调对人的尊重、理解和关心，注重社会秩序的维护，以创造自由、和谐空间为目标。柔性管理来自管理伦理和企业文化，通过持续发展壮大，已经展示出巨大的作用和魅力。

二、柔性管理的特征

（一）"以人为本"

柔性管理的对象是实实在在的人，并非抽象的人，人的情感、需求、欲望、思想和情绪等是必须一直被关注的。同时，柔性管理的对象并非孤立的，而是身处复杂的社会关系中的人，这些人必须不断地处理各种关系，包括师生之间、学生之间、学校与学生之间，以及社会与学校之间的关系。与此同时，柔性管理者本身同样具有现实性和具体性，也必须始终处理各种人际与社会关系。也就是说，柔性管理的对象和操作者都是具体的人，都围绕着人。在现实世界中，人从自我主体迈入交互主体、从我与它发展到我与你，柔性管理就这样在人的生活中发挥作用，并实现了管理的意义。

（二）管理方法多样

柔性管理是根据企业管理的需要应运而生的，它在适应管理实践的需要和管理对象的变化中成长与壮大。在当代社会，互联网成为"另类的沟通渠道"，对经济、政治和社会等方面产生巨大而深远的影响，同时也方便了大学生在网络空间里自由交流、了解社会与自然、构建自我与他人的新型关系。这一虚拟世界没有强有力的约束机制和有效的评价体系，蜂拥而来的信息必然影响和左右着大学生的道德观、价值观和行为模式。每一个大学生都是独立的个体，其思维方式、心理构成、价值观和情感世界都各不相同。柔性管理能够针对他们的精神、思想、心理和行为等方面的差别，运用多样化的管理方法。

（三）管理过程集稳定性和动态性于一体

柔性管理过程表现出稳定性和动态性相统一的特点。其一，社会经济的发展总是在影响和改变管理对象的思想、心理和行为。所以，管理方法也要随着客观情况不断进行调整，以适应管理对象的内心变化，满足他们的内在需求。柔性管理的动态性特征由此而来。其二，管理工作的实施要求保持相对稳定的管理团队、管理机构和管理模式，这就是柔性管理的稳定性特点。

（四）管理成果具有塑造性

柔性管理围绕着人来进行，关注人的心理、情感、价值观，作用于人的行为和外在表现等。运用柔性管理理念管理大学生，目的是创建优良的教育管理生态，打造健康阳光的校园人文环境，营造美好的校园学习和生活环境，激发大学生的学习积极性，使其实现自我与他人的协作交流方式、自我与他人架构及自我与组织架构等方面的良性转变。这样就会在管理效果上体现出明显的塑造性。

三、柔性管理理念下高校学生管理的创新路径

（一）坚持以柔性管理理念引领高校学生管理

1. 民主平等的理念

民主平等理念要求高校学生管理工作者在日常管理中重视平等的原则，并且鼓励学生主动参与基本的管理决策，培养学生的民主平等意识。民主平等的观念是学生发展的内在需要，是落实学生主体地位的保证。高校学生管理工作者在高校学生管理过程中要坚持以理服人、发扬民主，因此高校学生管理工作者的自身素质也必须得到提升。只有树立民主观念，充分调动学生参与，才能更加积极地发挥学生的主体性；只有每一个高校学生管理工作者都积极为学生创造平等民主的氛围，调动学生的积极性，发挥学生的主体性，才能切实地做好高校学生管理工作，才能使学生畅所欲言，发挥学生群体智慧，培养学生合作精神，培养具有创新思维和创造能力的人才。

2. 温情关怀的理念

高校学生管理工作者应努力创设"以情感人，以语化人"的氛围，积极对学生进行心理辅导，让学生正确认识现实的社会，并给予他们足够的帮助，让学生感知人文关怀、感受学校的温暖，鼓励学生积极主动提高自身竞争力和自信心，形成正确的人生观和价值观。

（二）坚持以柔性管理的原则引领高校学生管理

1. 心理重于物理、内在重于外在的原则

学生的行为管理根据具体手段的不同，大致可以分为两个方面。第一是学生行为的外在管理。学生行为的外在管理包括许多方面，其中最主要的是校纪、校规管理。为了更好地管理学生，许多高校制定了具有针对性的校级规章来约束学生的行为。但很多情况下，这种强制性手段仅仅是对大学生行

为的一种约束，并不能产生实质性的效果。为了更好地实现高校学生管理工作，必须采用另一种管理手段，那就是学生的内在管理。内在管理注重学生的自我接纳，通过一定的手段，让高校的管理要求变成学生的自觉行为。常用的内在管理手段有很多，其中最主要的一种是激励。通过适当的激励，学生养成自觉行为，有更好的自我管理意识。相较于外在管理，内在管理更持久、效果更明显，可以达到更好的学生管理效果，有利于高校学生管理工作的开展。

2.个体重于群体、直接重于间接的原则

现阶段，高校制定的校纪校规、评奖评优政策，一般都是站在大众化的角度，它们所反映的是大部分人的价值观，但却没有考虑个体的差异性。人作为会思考的动物，每个人都因为接触的事物、人的不同而形成不同的性格、价值观、人生观，所以需要区别对待。现阶段的大学生由于来自不同的地区，接受不同的文化，自然存在个体差异，所以更需要区别对待。

直接重于间接实际上是针对柔性管理理念来讲的。在一定程度上，个体重于群体是与它共同存在并相互作用的。间接管理，实质上就是管理层运用媒体来宣传教育工作。但是，从某种意义上来讲，间接方式不具有针对性，也不够深入，如果用来管理大学生，就很难对他们区别对待。这种管理方式的显著特点就是为管理人员和被管理者提供面对面交流的平台，也关注双方思想和情感的碰撞，因而能深入学生群体，精准把握，进而实现预见、发现，并及时化解矛盾，防止矛盾被激化。

3.务实重于务虚、肯定重于否定的原则

很多人有这样的想法：政治工作的实质都是虚的，是务虚方面的工作，因此对于大学生而言，开展有关思想政治方面的工作都是不真实的。针对这种现象，高校学生管理工作者要做到以下两点：第一，要务虚，也就是做好相应的调研工作，并根据所做的调研制订出相应的方案；第二，是务实，积极通过实践去解决所发现的问题。

就事实而言,否定显然没有肯定重要。由于人都会有行为潜伏状态,实际上心与言、言与行通常具有不一致性。大学生所处的年龄阶段,使他们在心理以及生理这两方面言行不一的特征非常显著。但是他们只是想得到社会的肯定。所以,高校学生管理工作者在进行学生评价时,一方面,要注意肯定学生的成绩,在明确是非观的同时增加他们的信心;另一方面,要指出学生的不足之处,但是要以合适的方式讲,让学生去思考并接受教导。

4.执教重于执纪、身教重于言教的原则

如今的高校普遍推行学生自我教育、自我管理及自我服务的教育方针,实际上这充分利用了柔性管理理念的方法。执教方式有很多种,如言传身教、榜样树立、舆论宣传、私下谈心等。通过执教,高校学生管理工作者可以更深层次地完成对学生内心情感的培养、意志品质的锻炼和行为的改变,最终实现知、情、意、行的有机结合。这就要求高校学生管理工作者有责任感,要有耐心、爱心,以自觉性的启发为基础,而不是靠纪律来约束。

对高校学生管理工作而言,实际上取得最好效果的是管理工作者的身教。在教育实践过程中,身教不受时间、地点的限制。在柔性管理过程中,以身作则的作用是无可替代的,从某种意义上来讲,身教重于言教。

(三)坚持以心理、行为、环境实践为方向开展高校学生管理

1.实践中的心理管理

柔性管理有效性主要是靠心灵互动实现的,高校学生管理工作者和学生之间如果要建立感情,那么相互理解及相互尊重是前提;以人格魅力和真诚打动学生是重点。心灵互动有利于师生在情感上产生共鸣,因为身临其境,所以学生才能体会被理解、被感激、被鼓舞的心情,进而推动工作、学习的前进。对于心理管理而言,在实际中,通常运用的是情感教育、激励尊重、心理沟通及舆论宣传等方式,强调的是润物细无声的教育方法,以对学生产生深远的影响。

2.实践中的行为管理

对于柔性管理而言,行为管理指的是目标的可选择性。对整个高校学生管理工作来讲,如果管理过于细节化或严格化,可能产生负面影响,导致学生的逆反心理或是逆反行为。除此之外,管理应注意方向性和可行性。所谓的方向性实则是结果,也就是人们所讲的奋斗方向,也可以说是未来的目标。如果没有明确的目标或者是方向不正确,从某种意义上来讲,不仅不能实现目标,甚至会让人们误入歧途。所谓的目标可行性,指的是恰如其分的目标,过高或是过低的目标都是不可取的,应该实事求是。另外,目标体系必须要完善,这是实现目标的前提。高校学生管理应该在总目标指挥下进行,将目标进行细化,系统地落到实处。所以,在行为管理目标制定过程中,总目标应该以学生目标为组成要素,只要学生完成了自身目标,那么高校学生管理的总目标也就真正实现了。

3.实践中的环境管理

事实上管理也就是环境的维持,让群体在良好的环境中高效完成计划。从某种意义上来讲,高校学生管理工作者要进行心理环境探讨,把握好学生的心理及行为环境,使用科学的管理方式,进而实现学生心理氛围的优化建设,实现高效管理。心理环境是动态发展的,会因客观环境变化而改变,由此新心理环境产生了,进而导致新行为的产生。因此,高校学生管理工作者要关注学生心理状况并展开成因分析,通过控制状态改变学生行为方式。

第四节 基于服务理念的高校学生管理的创新

一、构建"三全"服务系统

构建"三全"服务系统，是基于服务理念的高校学生管理工作的有力保障。"三全"服务，即全员服务、全过程服务和全方位服务，分别从人员结构上、时间和环节上、内容和方法上为高校学生管理工作提供有力支撑。

（一）强化教职工服务学生的职责，实现全员服务

所谓"全员"主要包括学生管理系统的人员、与学生事务相关部门的工作人员及学生本人。全员服务是指调动一切可以调动的力量，形成全员参与、分工协作、责任清晰的服务群体，形成目标一致、要求一致、管理严密的育人工作管理体制。就人员结构而言，传统观念往往视学生管理工作系统的人员为学生管理工作者。但是，学生管理工作不是一种单一的工作，学生的成长也不可能靠某个机构及特定的人员就能完成。随着学生管理工作范围的日益扩大，高校学生管理工作的难度也在不断增加，这在客观上要求高校学生管理工作必须具有全员性。只有把学生管理工作系统的人员、与学生事务相关部门的工作人员及学生本人组织起来，形成整体的服务阵容，才能形成合力，推动学生成长成才。当务之急是高校要将分散的学生管理工作职能凝聚起来，对分散在不同部门、与学生管理工作密切相关的事务重新进行整合。此外，整合校内外资源，发挥校内外的专家、学者和校友的作用，为学生提供更加专业的指导和服务也非常重要。

（二）制定服务学生的整体方案，实现全过程服务

如果说全员服务是从人员结构上对学生管理工作服务体系进行的阐述，那么全过程服务则体现在时间和环节上。全过程服务，指学生管理工作者根据社会对大学生的素质要求和学生自身成长发展规律，分阶段、分层次、循序渐进地对学生进行教育、管理和服务。这就要求高校制定服务学生的整体方案，根据不同年级、不同专业及不同性别学生的特点，由低到高、由浅入深、循序渐进地分类指导；将学生管理工作当作不断发展的过程，动态地对待学生的成长与发展。

一是要按照不同年级制定整体方案。对大学一年级学生，高校学生管理的工作重点是在引导学生适应大学生活、做好生涯规划、学习如何与人交往及文明行为习惯的养成等方面；对大学二年级、大学三年级的学生，高校学生管理的工作重点是引导学生合理安排时间、做好职业规划等；对大学四年级的学生，高校学生管理的工作重点应放在职业咨询、就业指导和社会适应能力的培养方面。

二是要在整体方案中突出特色和个性。服务学生的方案不是一成不变的，要根据不同专业、不同性别学生的特点，有针对性地开展服务。例如，在对女大学生服务的整体规划中，应根据不同时期女大学生的心理变化，添加她们需要或者感兴趣的内容。在刚入校时，可以引导她们树立正确的价值观，加强自我防范与自我保护意识；在毕业前，可为女大学生提供着装搭配、求职就业等方面的培训。

（三）构建蛛网式服务系统，实现全方位服务

全方位服务，是将服务理念渗透到学生管理工作的方方面面，运用于教育、管理、科研及党团建设等各个环节，形成全方位、多角度和多层次的蛛网式服务格局。一要实现高校学生管理工作内容的全面性。深入学生日常学习和生活的各个方面，从学生入校前后的招生咨询服务、入学指导服务，到

日常生活、思想引导、学习辅导、经济资助、身心发展服务,直到毕业前后的就业指导、后续发展等服务。二要实现学生管理工作方法的全面性。要结合校园网络、校报、广播等媒体的宣传和支持,引导、帮助学生解决问题。此外,要整合学校、家庭、社会等多种教育、管理和服务资源,调动一切可以调动的力量,服务学生的成长成才。三要根据不同学生的个性特点开展个性化服务。由于家庭出身、生活经历、性格爱好等方面的差异,不同学生呈现出明显的个性化需求,因此在开展高校学生管理工作时,必须从学生个体的特殊性和差异性出发,既要实行全面性服务,又要重视个性化服务。

二、打造高效便捷的服务平台

在高校学生管理工作中,能否满足学生的需求,是考验一个平台是否适应学生管理工作发展的重要指标。在大学阶段,学生最需要的是学业指导、心理咨询、就业创业指导、困难帮扶和法律咨询等几个方面的服务。因此,搭建大学生日常学习指导交流中心、心理健康教育与咨询中心、就业创业指导服务中心、困难帮扶中心、法律援助中心等平台,是开展高校学生管理工作的重要渠道。

(一)创建大学生日常学习指导交流中心

建立大学生日常学习指导交流中心,为学生提供学业指导服务是十分必要且迫切的。首先,要选拔和调动一些专业技能强、业务水平高的教师或辅导员到该中心轮班和定期或不定期走访,为学生答疑解惑。特别是要帮助学生解决好"为何学习""如何学习"等问题,搭建起师生间真诚沟通的桥梁,以人性化的教育方式引导、帮助学生树立明确的人生目标,克服学习生活中的困难,促进学生身心全面健康发展。其次,传统教育与现代手段相结合,激发学生学习兴趣。借助学习指导交流中心,总结并普及具有规律性的学习方法，引导学生充分利用现有的教学设施和资源，充分利用图书馆、网络、电视、新闻和广播等多种途径获取知识，不断激发学生学习的主动性和积极性。最后，定期组织学习交流会和学术研讨会，邀请院系成绩优秀、表现优异的同学到中心参与互动，分享自己的学习方法和心得，培养学生的创新意识和创新能力，提高他们的学习兴趣和科学研究能力。

（二）完善大学生心理健康教育与咨询中心

随着我国政治、经济和文化的不断发展，社会的巨大变迁给学生心理造成较大冲击，学生学习、就业压力的不断加大，解决大学生的心理健康问题已然成为新时期高校学生管理工作的热点和难点。建立健全大学生心理健康教育与咨询中心，配置专业人员，组织开展心理健康教育，提高学生心理素质，显得尤为重要和紧迫。

1.要全面了解学生心理特点，有针对性地提供服务

根据学生在不同学习阶段和年级的心理需求及存在的主要问题，有的放矢地开展心理健康教育工作。对新生，一是发放新生入学手册，该手册应包括新生入学心理调适的方法等内容，有助于新生较快地适应新的环境；二是在新生中开展心理健康普查，并积极开展朋辈心理辅导。对大学二、三年级的学生，要引导他们掌握心理调适的方法和技能，以及如何处理好学习成才、人际交往、就职就业等方面的问题。对大学四年级学生，要指导他们准确定位并认清自己的就业方向，做好就业的心理准备。为了预防和避免个体心理突发事件，大学生心理健康教育与咨询中心要特别关注学生的动态，建立相关的信息档案库，结合学生的心理特点，研究制定针对性强的帮助方案，确保每一位学生都得到及时、有效的心理援助和咨询服务。

2.要以多样化的特色活动为契机，传播心理健康教育知识

通过举办特色心理健康教育活动，不断提高大学生的心理素质，强化广大师生关注心理健康的意识，营造互助关爱的和谐校园氛围。例如，定期举

办专家心理讲座、知识板报展览、新生格言竞赛、心理影片展播，开展各种形式的心理教育、团体心理训练、咨询服务、心理治疗等，强化师生心理健康意识，营造互助关爱的校园环境，帮助学生形成积极的心态、解除心理困惑和压力、积极接受或主动自我调适、增强情感适应、树立交往和竞争的自信心等，从而以完善的人格、健康的心态走向社会。

3. 要加强心理健康教育队伍的建设，不断提高咨询师的专业水平

确保学生心理健康，是一个具有挑战性的工作。高校要努力在生活、学习、职称、待遇等方面为有关工作者创造条件，帮助他们不断提高心理辅导技能，让他们积极主动、心情舒畅地投入工作。加强心理健康教育队伍建设，是不断提高学生心理健康水平的前提条件。高校要不断加大对有关工作者心理学知识和心理辅导技能的培训力度，引导越来越多的高校学生管理工作者主动学习心理学知识和技能，主动参加心理咨询师资格认证考试，为心理健康教育与辅导工作的开展提供有利条件，让他们在普及宣传心理知识、预防心理疾病、协助做好心理异常学生的治疗等方面发挥作用。

（三）升级大学生就业创业指导服务中心

随着高等教育大众化进程的加快，大学生就业难的问题日渐突出，现已引起社会各界的广泛关注，并成为制约高等教育事业发展和影响社会稳定的一大因素。因此，完善毕业生就业服务体系，充分发挥大学生就业创业指导中心的作用，在当下显得十分重要和紧迫。解决大学生就业难的问题，当务之急是完善高校就业创业指导中心的服务功能，采用"走出去、请进来"的方式，给予学生更多、更实、更好的指导与帮助，多做实事，少说空话，切忌在学生就业率上欺上瞒下，弄虚作假，否则会让学生感到虚无缥缈、心灰意冷。

1. 要根据不同年级选取不同内容

根据不同年级学生的具体情况，对职业与就业辅导内容进行合理的划分：

对大学一年级学生，应结合新生入学教育，由各院进行相应的专业介绍，帮助学生了解本专业方向、今后可能的职业方向和相关职业必备的职业素质；对大学二、三年级的学生，应侧重对其进行职业生涯和职业环境的教育，帮助他们客观地认识自己、了解社会；对大学四年级学生，应主要对他们进行决策技巧和就业技巧的指导，如如何准备个人简历、如何应对面试、如何维护自身的合法权益、如何做出科学的选择等，帮助他们提高求职能力、适应能力，使他们能够更快地寻找并选择适合自己的职业。

2.要根据不同年级选取不同方法

对大学一年级新生，要把入学教育和专业教育结合起来；对大学二、三年级的学生，应以校级任选课程为主渠道，结合就业形势系列讲座和个别就业咨询服务，拓宽他们接受职业与就业辅导的途径，充分调动学生主动接受就业指导的积极性；对大学四年级学生，应主要安排模拟招聘、当年就业态势讲座和个体就业咨询，从大规模的集体就业辅导到个体单独的就业咨询，以有效地帮助他们了解最新的就业信息、掌握实际的求职技巧，并且在遇到困难时可以获得教师科学的帮助。

（四）健全大学生困难帮扶中心

1.要以物质资助和精神激励为主线，促进学生全面成长成才

"扶贫先扶志"，在学习用品、生活质量等方面，家庭困难学生处于弱势地位，心态容易出问题，学生管理工作者需要多关心、多了解这些学生，及时帮助他们解除困惑，引导他们克服自卑心理，树立正确的世界观、人生观和价值观，鼓励他们以自己的力量积极主动地战胜困难。

2.要建立健全困难生认定机制，实现静态与动态管理

高校应根据有关指导意见，确定家庭经济困难学生认定工作的基本原则，制定和完善符合本校实际、科学合理、严格规范的家庭经济困难学生认定办法。首先，在高校资助工作领导小组的指导下，各学院、各年级、各班级也

相应成立认定机构,为有组织、有计划地开展家庭经济困难学生认定工作打下良好的基础。其次,建立家庭经济困难学生谈话制度和家庭经济困难学生信息库。辅导员通过和学生及其周围同学谈话,初步摸清学生的家庭经济状况,并建立家庭经济困难学生数据库。最后,实行以电话调查为主以实地走访调查为辅的方式,定期了解学生的家庭经济变化情况,及时做出变更。通过将静态与动态管理相结合,确保家庭经济困难学生的信息准确健全、及时更新,为后续资助工作的开展奠定良好的基础。

（五）建立健全大学生法律援助中心

随着社会法治的不断进步和学生维权意识的不断增强,如何为学生提供权益维护服务,成为当前高校学生服务工作的新议题。高校要建立健全大学生法律援助中心,以专业法律人士为骨干,以法律专业学生为基础,以法律协会为依托,积极为学生提供法律咨询和援助,帮助学生解决法律问题、调解法律纠纷,保障和维护学生的正当权益。大学生法律援助中心可设置法律咨询热线及信箱,收集学生身边的法律问题,并对各种问题进行分类处理,请专家或律师答疑,从而做好与学生的互动交流。

三、完善服务学生管理工作保障机制

完善服务学生管理工作保障机制是保证学生管理工作得以正常、有序开展的必要条件。其要素主要包括制度保障、物质保障等,各要素之间相互影响、相互补充和相互促进,虽然各自功能和作用不尽相同,但目标却殊途同归,都是为服务学生管理工作提供保障的。

（一）制度保障

建立健全服务学生管理工作制度，旨在实现服务学生管理工作的常态化和长期性，对于构建基于服务理念的高校学生管理工作保障系统有着举足轻重的作用，是规范和落实学生各项权利、义务和责任的重要条件。科学的服务学生管理工作制度，是维护学生合法权益的前提条件。如果无章可循，服务学生便是一句空话，教育学生、履行义务就是无稽之谈。因此，建立健全、科学的服务学生管理工作制度绝不是一件可有可无的事情，高校必须在思想上高度重视，在工作上不断加强、完善和狠抓落实。这样，才能使服务学生工作的理念深入人心、落到实处，从而形成高校学生管理工作"有所为有所不为"的充满活力的局面以及有序、和谐和稳定的氛围。一般来说，基于服务理念的高校学生管理工作制度可以分为宏观制度和微观制度两个方面。

1.宏观制度

宏观制度，是指有关部门颁发的有关高校学生管理工作的纲领性文件，以及教育主管部门制定、颁布的有关高校学生管理工作的行政规章、制度、条例等。党和政府制定的制度在维护学校正常的教学秩序、生活秩序和为学生事务管理提供有力保障等方面有着非常重要的作用。高校要通过约束和修正学生的行为，建设学生活动场所，组织活动、提供学术和非学术性咨询服务等，教导学生主动承担责任，自觉履行义务，养成健康向上的生活方式。

2.微观制度

所谓微观制度，是指在我国现行教育体制和环境条件的制约下，高校和院（系）或班级为实现某种目标或解决某项问题，有针对性地编制的规章制度。微观环境的制度建设有利于推动校风、院（系）风、学风和班风建设，是高校宏观制度的细化与补充。一般而言，相关方应联系招生就业、学生日常思想政治教育、学生行为管理和学生服务等方面的实际，建立健全校级学生管理工作制度、院（系）的学生管理工作制度、班级管理制度、辅导员管理制度和班主任管理制度等微观制度，为整个高校学生管理系统的运行提供条件和保障。

（二）物质保障

高校学生管理工作是一个复杂的系统，各个环节都需要一定的物质支撑。高校学生管理工作的物质保障至少包括两个方面，即经费保障、软硬件设施保障。如果把学生管理工作当成一台机器，那么学生管理工作经费则是燃料，是保证学生管理工作良好运转的基础。

1.经费保障

高校普遍存在"重科研教学，轻学生工作"的现象。用于学生服务方面的经费是不足的，这与高校学生管理工作的地位、作用很不相称，不仅妨碍了高校学生管理工作服务体系的建设，还制约了服务质量和服务效率的提高。按照加强服务、转变职能的要求，高校应加大费用投入力度，并在年度预算中划拨整个学生管理工作服务体系运作所必需的经费，用于学生管理工作部门开展日常思想政治教育、学生管理、学生服务的自身建设，思想政治教育工作专项课题研究，思想政治理论精品课程的建设，大学生素质教育基地建设，学生工作队伍的建设，以及全员育人的评选和表彰等事务。高校应当多渠道筹措资金，如积极争取国拨专项经费和地方财政拨款，同时整合社会资源，争取更多的社会捐赠，如邀请校友、企业和社会名流等在学校设立助学金、奖学金和科研基金。高校应建立专门的筹资机构，利用社会资源在法律允许的范围内积极进行市场运作，寻求社会各界的财力支持，为高校学生的科研、奖贷困补等工作提供充实的资金保障。同时，高校要加强经费管理和监督，做到科学划拨、合理开支、严防浪费。具体来说，高校应遵循以下原则：

一是专款专用。高校学生管理工作经费主要用于奖励优秀学生和资助困难学生，是按学生总人数的一定比例提取的，必须专款专用，不得巧立名目，挪为他用。

二是合理立项。高校学生管理工作经费主要包括助学金、勤工助学金、特殊困难补助、学费减免等；学生奖励项目主要有学校奖学金、单项奖学金等；其他学生经费项目还有少数民族补助、学生活动经费、班主任补贴等。高校要本着科学合理的原则，依据上级有关规定，结合本校的实际需求，有项则立，无项则免。

三是民主公开。民主公正、公开透明，接受学生监督，是管好、用好学生经费的重要措施。所有经费如何立项、怎样开支和履行手续等，都必须深入调查研究，充分听取意见，并由有关部门提出预算计划方案，再由高校集体讨论决定。

四是加强监管。管理学生工作经费应本着"分级管理、相互监督"的原则，做到科学管理、合理开支。无论是高校财务处等职能部门，还是学生工作部（处）、团委和各学院（系）等执行单位，都必须廉洁奉公，自觉遵守财务纪律，不得滥用职权，随意开支。对违反财务规定的行为，必须坚决抵制。只有这样，才能取信于学生，学校才能在公众中树立起良好的形象。

2.软硬件设施保障

高校应高度重视学生管理工作辅助设备和硬件设施的建设，应将学生活动场所和学生工作场所的基本设施建设列入学校建设总体规划，改善校园生活环境，实施校园绿化、美化、亮化工程。同时，高校要加大对学生管理工作设备、设施的投资力度，改善服务环境，建造设施完备的学生事务服务中心，配置快捷的校园网络平台，为学生提供精细化服务。

四、创建专业服务队伍

走专业化、职业化、优质化道路，既是培养社会主义现代化建设合格人才的必然要求，也是加强和改进高校学生管理工作队伍建设的必然趋势和根本保证，这是由新时期高校学生管理工作的新问题、新矛盾和新情况所决定的。没有一支过硬的队伍，高校学生管理工作就难以适应新形势、新任务和新需求。

（一）坚持高标准选人原则，严把高校学生管理工作者入口关

一名合格的高校学生管理工作者既要具有专业知识，又必须有扎实的理论功底，掌握心理危机干预技巧、职业测评技术等相关知识和技能。高校学生管理工作队伍也是高校培养的具有一定管理能力、富有团队合作精神的高素质业务骨干和党政管理干部的后备力量。所以，高校必须严格按照政治强、业务精、作风正、素质高的要求，慎重选聘学生管理工作者。

1.严格遵照高校学生管理工作者的任用标准

申请从事高校学生管理工作的人员应具备以下素质：有一定的政治理论素养，作风过硬，热爱学生工作，系中共党员；文字和语言表达能力强，有一定的组织协调能力和社会活动能力，有学生管理工作的经历。

2.重视学生管理工作者来源的广泛性

既要吸收外校优秀应届毕业生，也要注意选用本校的优秀应届毕业生，保持学生管理工作队伍的动态平衡。新陈代谢、吐故纳新是自然界的客观规律，因此高校学生管理工作要想有活力，就需要一支朝气蓬勃的学生管理工作队伍，而高校内部和学院之间的合理流动，可以促进学生管理工作者的相互交流、学习借鉴、技能提升和良性发展。高校要根据学生管理工作发展的需要和方向，支持、鼓励和推动学生管理工作者不断学习，为打造专业性和职业化的学生管理工作队伍打下坚实基础。

（二）加强专业化管理，提高高校学生管理工作者的自身素质

一是树立良好的职业形象。高校学生管理工作者必须身体健康、朝气蓬勃、脚踏实地、求真务实、勇于进取。二是树立崇高的职业理想。要有"把

职业当事业，把事业当生命"的志向，还要有实现从"职业者"到"专业者"过渡的胆识，以及由"专业者"到"专家学者"转变的勇气。三是加快对职业技能的培养步伐。在实践中不断提高调查研究的能力、思想宣传的能力、组织协调的能力和解决问题的能力。

高校学生管理工作者的工作内容错综复杂，工作时空变幻莫测，这就决定了学生管理工作者必须是"杂家""通才"，必须在实际工作中能够综合运用思想政治理论、管理学、教育学、心理学，以及相关自然学科的知识。所以，高校应通过有效的培训，让学生管理工作者形成蛛网式的知识结构，掌握现代化的工作方法和手段。

（三）整合资源，打造专业服务队伍

高校学生管理工作队伍是高校培养的具有一定管理能力、富有团队合作精神的高素质业务骨干和党政管理干部的后备力量。一名合格的高校学生管理工作者，既要有扎实的理论功底，又要有丰富的实践经验，还要掌握心理危机干预技巧和职业测评技能等。

1.要建设一支专兼结合的学生工作队伍

根据高校学生管理工作现状，高校应对辅导员实行分层管理，即学生咨询服务工作者由学生工作处或团委直接管理；对负责学生党团工作、思政教育及本系学生相关活动等工作的人员，实行双重管理。这样可以加强辅导员与学院其他教师之间的纵向交流、横向沟通，促进他们的相互了解、相互联系，从而为辅导员有的放矢地开展学生工作奠定基础。因此，高校可以从行政人员、任课教师、学生中选拔一批热爱学生管理工作、热心、有责任心的教职工或高年级同学担任兼职辅导员或班主任，形成齐抓共管的机制。同时，高校要进一步加强心理健康教育与辅导中心的专职师资力量建设，配备一定数量的专职咨询师。此外，高校要不断壮大兼职心理咨询队伍的力量，鼓励辅导员向心理咨询职业化、专业化、专家化发展，为他们的成长成才创造

条件。

2.加强职业指导师资队伍建设

把好职业指导师资队伍入口关,更重要的是要加大培训力度,不断提高职业指导师资队伍的整体素养。这是一个长期而艰巨的任务,必须在思想上高度重视,在工作上常抓不懈,在措施上有条不紊,在方法上灵活多样。举行讲座、开展讨论、参观、交流等是许多高校提高职业指导师资队伍素养行之有效的路径。

(四)加强培训,保证服务队伍与时俱进

学生素质及其需求的多元化决定了高校学生管理工作者必须是知识上的"杂家"。

1.抓好岗前学习培训

对新上岗的高校学生管理工作者,高校要加强教育学、心理学、管理学、政治学的教育,充分发挥专家、经验丰富辅导员的积极作用,为其配备指导教师,开展传、帮、带活动,培养年轻一代的高校学生管理工作者尽快熟悉工作、进入角色。

2.抓好在职学习培训

高校学生管理工作面临着各种新情况和新要求。要培养专业化、专家化、职业化的高校学生管理工作者,高校就需要加强培训、交流和多岗位、多部门的锻炼。高校教育主管部门可以依托国家或地方的资源,组织国内外的考察、交流和专题培训,也可以依托辅导员培训基地,开展学历、学位培训和专业技能培训,组织研讨会、论坛等,加强不同高校学生管理工作者之间的交流。高校要根据岗位特点和工作需要,对在职人员分类制订培训计划,实行挂职锻炼或集中进修培训,提高学生管理工作队伍的思想政治素质和业务水平。

第四章　高校学生管理模式创新

第一节　高校学生管理模式的职能

一、教育职能

教育职能是高校学生管理模式的根本性职能。高校的管理目标是为社会培养出合格有用的人，高校学生管理的对象是在校大学生，教育学生是高校学生管理的基本职能之一。教育包括知识教育和成长成才教育，高校学生管理工作所进行的教育就是学生的成长成才教育，与教学对学生的知识教育是有明显差别的。高校学生管理不是单纯地为了管理而管理，而是为实现国家的人才培养目标而服务的。从这个意义上讲，高校学生管理的教育职能就是培养国家需要的德、智、体、美、劳全面发展的人才，管理的目的就是育人。因此，高校应充分重视育人功能的发挥，突出以育人为目的和指向的管理内容。以育人为目的和指向的管理内容一方面应体现在高校学生管理过程中的人力、财力、物力等资源配置的方方面面，另一方面更应体现在对大学生进行教务管理、安全管理、行为管理、群体组织管理、就业管理、资助管理等。这就需要在高校学生管理中处理好管理与思想政治教育的关系，将高校学生管理与思想政治教育有机地结合起来，自觉地遵循教育规律，重视发挥思想政治教育在帮助大学生树立正确的世界观、人生观和价值观方面的作用，实现科学管理和有效管理。

二、管理职能

管理是一种行为,通常通过信息获取、决策、计划、组织、领导、控制和创新等职能的发挥来分配、协调包括人力资源在内的一切可以调用的资源,以实现单独的个人无法实现的目标。高校学生管理包含两个层面:一是对人的管理,即对学生个体和学生群体的管理;二是对事的管理,即对与学生相关的事务的管理。对学生的管理,主要通过教育、激励、组织等手段,让学生身心得到发展,使学生能够适应高校的学习和生活。高校学生管理的重点是对事务的管理,包括学风建设、思想政治教育、学生档案管理、学生违纪处理、突发事件处理、学生评奖评优、组织学生工作会议、制订学生工作计划等诸多方面。管理的内容多种多样,从活动形式上可简单归纳为学生思想品德管理、学习管理、生活管理、班级管理、学生自我管理及学生评价等。

管理职能是高校学生管理模式的必要职能。在高校学生管理模式中,建立健全覆盖学生日常学习生活的规章制度体系并做到依章执行是十分必要的。

三、服务职能

服务职能是高校学生管理模式的基础性职能,主要是根据学生的个性化、多样化的发展需求提供有针对性的辅导和服务。随着高等教育的发展,学生管理工作不再固守单纯的思想政治教育方式,开始借鉴西方国家高校学生事务的管理方式,即开始强调服务学生的职能。高校学生管理的核心在于服务,高校要向学生提供满足其成长需求的各种服务,把教育与管理、服务结合起来,帮助其更好地学习、生活,从而实现全面发展。高校学生管理应为学生的学习与成长创造一定的条件，解决学生在学习、生活过程中遇到的实际问题，为其提供全方位的服务，将学生的需求作为工作的出发点和落脚点。

在高校学生管理中，学生工作或者说学生事务包括招生、经济资助、专业选择、学生宿舍管理、健康服务、心理咨询、法律服务、权益保护和社会活动等多方面。许多学生事务管理的内容具有相似性和共存性，因此要重组它们的职能，形成新的服务体系。现在高校大都有以下几类服务：招生咨询服务、学生入学指导服务、思想道德引导服务、身心健康服务、日常生活服务、学习指导服务、权益维护服务、就业指导服务、经济资助服务、后续发展服务等。

①招生咨询服务。随着高等教育体制改革不断深入，高校招生咨询已成为高校招生工作的重要环节，是高校学生管理的服务内容之一。高校招生咨询工作，不仅是高校服务考生的窗口，是高校推介自身的途径和联系社会的重要纽带，也是高校引导广大考生认识本校、报考本校，最终成为本校学生的重要途径。高校要利用自身资源，努力建成一个全方位、多层次、立体型的高校招生咨询体系，为全国各地有志青年报考本校提供优质服务。

②学生入学指导服务。这主要包括向新生及其家长宣传本校及本专业的教育概况，为学生适应校园生活及利用校园教学与生活资源提供指导，帮助新生重新寻找自己的定位，使之尽快完成角色转变，适应新的学习生活环境，为圆满完成学业奠定良好的基础。对新生的入学指导还包括为新生提供一定的心理辅导、心理测试等服务。

③思想道德引导服务。高校学生管理工作者肩负着开展思想政治教育的重要使命，因此高校学生管理工作者要通过有效途径和学生喜闻乐见的形式，开展爱国主义、集体主义和社会主义教育。进行思想政治教育要遵循思想政治教育的基本规律，采取人性化的、软性的教育手段熏陶学生、引导学生，特别是要利用重大的节日和事件，对学生进行有针对性的教育。同时，要重视对学生政治素质的培养，切实提高当代学生参与公共生活、公共管理的意

识和能力，为建设社会政治文明奠定坚实的人才基础。

④身心健康服务。这包括身体健康指导和心理健康教育。除定期体检外，高校还要鼓励学生积极参加有益的文体活动，在文体活动中促进身心的成长。依托心理健康教育与咨询中心，帮助学生了解心理知识、洞察心理世界、预防心理疾病、挖掘心理潜能，从而提高心理素质，解决学生在学习和生活中遇到的各种心理问题。

⑤日常生活服务。学生不仅是受教育者，也是教育投资者和消费者。高校学生管理工作者要为学生提供各种生活服务，改善生活环境，对学生社区进行物业化管理，健全社区功能，构筑集娱乐、购物、健身于一体的文化社区。此外，高校学生管理工作者应注重在生活上关心学生、处处从学生角度开展服务工作。例如，为每个学生设立校园网络账户或"一卡通"，供他们实时查看自己的注册信息，学期选课情况，每门课的成绩、学分，就餐购物消费情况等，为学生的自我规划和自我管理创造条件，充分体现学生工作"以学生为本"的教育服务理念。

⑥学习指导服务。高校学生管理工作者要注重建设优良的学风和校风，提供有利于学生学习的设施和条件，创设有利于学生学习的氛围和环境，满足学生学习方面的需求；要因材施教、因人施教，当学生出现学习方面的问题时，辅导员、班主任要对其进行个别指导，或指定专业教师给予其帮助；要通过举办学术讲座、学习竞赛及鼓励学生参加国家英语、计算机等级考试和职业资格证书考试等形式，调动学生的学习积极性；要教育学生学会学习，学会使用学习设施，利用好图书馆，善于使用网络等现代手段获取知识。高校应通过成立领导机构、设立资助奖励基金、建立科研项目管理制度、开设创新课、设置素质教育学分、建立创新实验基地、举办科技竞赛、发展学术社团等手段，建立健全领导体制、管理体制、活动体制，为学生创造开展学术研究的机会和条件，培养他们的科研能力和创新创业精神，并组织各种形式的活动，广泛地利用社会的力量，为学生的社会实践提供广阔的舞台。

⑦权益维护服务。高校学生管理工作者应维护学生的权益服务，树立依法管理、民主管理的思想，通过合法的形式，积极反映学生的心声，维护学生的正当权益，与侵害学生权益的行为做斗争，真正成为保护学生权益的代言人。

⑧就业指导服务。高校学生管理工作者应为学生的就业服务，帮助学生转变就业观念，通过各种形式增强学生的就业本领，开发学生的就业潜力，实现学生从人力资源向人力资本的转变；应帮助学生找到能发挥自己聪明才智的职业。就业指导主要是把就业安置和职业生涯规划结合起来，成立就业指导中心，具体职能包括指导学生进行自我评价、专业定向和职业定向，提供就业信息，指导学生参加实习、实践和开设就业指导课，传授求职择业技巧，推荐学生参加就业与职业交流洽谈会，组织校园招聘与面试活动，指导毕业生通过多种渠道就业和为校友服务等。

⑨经济资助服务。高等教育不是义务教育，高校实行缴费上学制度，难免让一些贫困学生面临无法上学的困境，这些学生需要获取经济资助。高校学生管理工作者应通过提供国家助学贷款、奖学金、助学金、学费减免和扩大勤工助学的途径等方式，帮助他们克服经济困难，顺利完成学业。高校学生管理工作者还可以通过开设新生入学绿色通道、开辟勤工助学渠道、建立助困基金、吸纳社会救助资金、设置各类奖学金、成立助困中心等形式，为学生提供有效的经济资助服务。

⑩后续发展服务。即对毕业校友的服务，包括毕业后的再教育和毕业后的再服务。毕业后的再教育包括学历教育和技能教育，学历教育包括专科升本科、本科生考研究生、硕士生攻读博士、博士进流动站做博士后等；技能教育包括毕业参加工作后的长、中、短期各类业务培训。毕业后的再服务包括留学服务和跟踪服务，留学服务包括咨询、指导、推荐和提供相关学历资料等；跟踪服务包括毕业生跟踪调查、提供技术支持、协办创业基地等。

随着高等教育大众化的发展、社会的进步，大学生的主体意识增强，需求和个人思想行为日益多样化。学生逐渐习惯于根据其利益来评价高校的各项工作，包括学生管理工作。这种变化要求高校学生管理工作必须从学生全面发展的实际需求出发，以学生为中心，把教育、管理融入服务。对学生的教育、管理是服务于人才培养、服务于个体全面发展的，其最终目的都是促进学生的全面发展，离开了促进学生发展这个核心目的，教育、管理就会变得没有意义。这是一切学生工作的出发点和落脚点。教育、管理、服务是手段，三者相互糅合渗透、双向互动，促进学生全面发展。

总之，在高校学生管理模式的三种职能中，教育是管理的前提，管理是教育的手段，服务是教育与管理的有效体现。教育、管理和服务作为手段，始终体现在高校学生管理工作过程之中。高校要把教育、管理作为服务的支持和保障，在服务的观念下实施教育和管理，根据教育要求和学生成长的需要，优化学生的学习、生活环境，为学生成才、成功创造必要的条件。高校要通过教育、管理和服务的有效整合，发挥学生的主动性，激发学生的潜在能力，从而将教育、管理和服务最终落实到促进学生全面发展的目标上来。在学生发展理论的指导下，正确认识学生工作存在的问题，处理好教育、管理、服务与学生发展之间的关系，已经成为高校学生管理模式创新的突破口。

第二节　高校学生管理模式创新的原则

一、尊重学生自我实现原则

（一）满足学生不同层次的需求

人本主义从根本上讲就是"以人为本"，人本主义教育基于对人的终极意义的追求，对人的价值的关怀和自我理解的关心，强调人的情感、审美和对无限与永恒的体验，注重个体的内心世界、主观世界的发展变化，深入挖掘主体的内在需求、情感、动机和主观愿望，从满足主体生存需求的角度来开发其学习的潜力。

学生的需求是多方位的，但传统教育，尤其是我国的应试教育，过分看重学生的学习成绩。这种学习几乎总是读、写、算的基本技能训练，而对于学生内心的感受、态度，以及表达能力、审美能力、处理人际关系的能力几乎很少涉及。人发展的本质是内在潜能在后天环境中的充分实现，"自我"或"自我实现"是人类与生俱来的动力，并且是个体在成长过程中通过不断地与其所处的环境相互作用而逐渐形成的。一旦形成了"自我"，就意味着他将自己与所处的环境分离开来。由于这一过程始终伴随着外界的各种评价，包括积极的评价和消极的评价，所以整个世界或社会就对这个人的成长产生了极大的影响。

学生是独立自主的个体，学生的发展、成长应与自身相比，看自己是否比以前有进步。高校学生管理工作者在考虑学生个体差异的同时，应依据一定的标准，给学生一个客观公正的评价，使学生正确地认识自己的学习情况，并提高学习的自觉性，成为学习的主人。教育目标既包括知识和认识能力的发展，也包括情感的发展。因此，高校学生管理工作者应注意情理结合，制定教育策略,并耐心细致地做思想工作,逐步培养学生健全的人格。

面对当代社会的迅速发展,教育的目标应该是促进学生的发展,培养能够适应变化和学会学习的个性充分发展的人。

(二)鼓励学生参与管理工作

学生作为高校学生管理工作的重要主体和积极参与者,其参与管理的状况如何是衡量高校学生管理水平的标志。尽管我国许多高校都为学生提供了勤工俭学等参与高校学生管理的机会,但其深度和广度都很不够。

我国高校要想较大范围地组织学生参与高校学生管理,尚有一些困难。一是观念上的障碍。不少高校学生管理工作者认为大学生参与管理从理论上来说是一件好事,但在实际中不一定行得通。因此,高校各主管部门一定要克服对大学生不满意、不信任、不放心的思想,要从培养人才的高度支持学生参与高校学生管理。此外,很多学生缺乏自理的观念和自我管理、自我服务的思想,如果这种观念和思想不改变,则其参与高校学生管理的积极性就会受到影响。二是客观条件不允许。现在不少高校学生管理工作者都处于满员或超员的状态,在这种情况下,其很少会去考虑加大学生的参与高校学生管理的力度。

二、刚柔相济原则

(一)刚柔相济的内涵

从词语的角度理解,刚柔相济就是刚性和柔性相交,用在高校作为一种学生管理方式,就是指高校对学生的管理既要讲规章制度,又要多和学生沟通交流。高校学生管理工作者要高度认识刚柔相济管理模式的意义,做好各方面均衡工作,找出有针对性的管理办法。

刚柔相济中的"刚"是要规范性地提出学生应该遵守的准则，对学生严格要求，以规范合理的规章制度来对学生的一言一行加以约束，促进学生健康成长。刚性管理包括依法管理、班级制度建设管理及校纪校规管理。刚柔相济中的"柔"是对刚性管理的一个很好的辅助手段，如果刚性管理是硬的一面，柔性管理就是软的一面。"以人为本"是柔性管理的核心思想，即从学生的角度看问题，为学生服务。

（二）刚柔相济原则的应用

1.构建明确的管理目标

刚柔相济是一种全新的高校学生管理模式，其中，最重要的一点就是要确定管理目标，把握好分寸，帮助学生调整心态，引导学生学会换个角度想问题，从而达到有效教学的目的。基于此，高校学生管理工作者要把学生放在主体地位，帮助学生养成认真学习、严谨做科研的良好习惯，还应融合柔性管理手段，在不和校规校纪冲突的前提下多关心学生的身心健康，加强师生互动，用社会主义核心价值观教育学生，引导学生树立正确的"三观"。

2.刚性管理和柔性管理应互相结合

刚柔管理不应是各自独立的，而是相互补充的。如果高校只采取其中一种手段进行管理，就不会达到最佳效果。例如，只死板地对学生强调规章制度，会造成学生的逆反心理，引起学生的反感；如果只一味地对学生讲人情，就会失去规章制度的严肃性，最终的结果是导致高校学生管理达不到预期目的。所以，高校学生管理应采取刚柔相济的方式。

第三节　高校学生管理模式创新的方向

一、构建多元化协同管理的高校学生管理体系

在正确的管理理念的指引下，高校的学生服务体系结构是否合理、运转是否顺畅有效，直接关系高校学生管理模式的实际执行效果。

（一）完善高校学生管理体制

基层院系学生管理工作的有效开展离不开院系领导班子的大力支持。院系学生管理体系建设首先要安排院系班子，即专门领导，全面负责学生管理工作。建立党政领导共同负责学生管理工作的领导机制，可以全面整合院系各部门的力量，使得院系教务、行政等各部门分工协调，促进基层院系学生管理工作的有序开展。在院系党政领导的共同负责下，学生管理工作既不是单纯的思想教育工作，也不是单纯的行政管理工作，而应该既是思想教育工作，又是行政管理工作。

需要说明的是，各项工作的开展都需要高校学工处发挥指导功能。同时，高校有必要赋予院系学生管理工作部门一定的行政权力和主动权，否则，仅作为与院系同级别的职能部门，其各项工作极有可能得不到有效开展，导致院系学生管理工作部门的职能与目标存在距离。

院系基层学生管理工作必须建立在配备完善、工作得力的高校学生管理机构的基础上。长期以来，院系的高校学生机构虽然采取了不同的设置形式，但是无论采取哪种设置形式都必须满足学生受教育的需要，满足一定的设立条件。例如，是否适合学生全面发展，是否能使学生管理工作者顺利开展工作，是否能够使得院系学生管理部门达到预期的目的。

目前，由于大学生数量不断增多，事务量也在增大。虽然近年来，学生管理工作组织进一步扩大，学生管理工作者数量进一步增多，但是院系学生管理工作者既要应付日常的学生管理工作，也要随时处理突发事件，往往有些力不从心。

为此，院系学生管理工作部门应当以管理职能化、规范化为目标进行部门设置，细化管理职能，以更好地满足学生的需要。具体来说，院系层面要成立或者设立以下几个与学生利益相关的办公机构：

①院系资助工作办公室。在院系层面成立院系资助工作办公室，专门负责管理院系学生的各种经济资助事务。其具体职能包括做好与高校的资助管理办公室的任务衔接，同时根据本学院的专业特点与有意向资助的单位进行联络，负责资助信息的收集和发布，并做好学校奖学金、助学金的发放工作，适时提供一些勤工助学岗位信息等。

②院系心理健康辅导室。当前，由于经济社会快速发展，学生的心理健康问题越来越具有独特性和复杂性，当代大学生需要专门化的心理辅导。院系直接接触学生，需要成立针对各院系特点的专门的健康和发展咨询部门，配备既了解心理辅导知识，也了解本院系特点的专门人员。院系层面上的心理辅导室，可以借助高校心理辅导中心的力量，为本院系的每个学生建立心理健康档案，使得院系心理辅导工作成为高校心理辅导工作的有效补充，从而在第一时间为院系学生提供心理帮助。

③院系就业创业指导中心。在院系层面设立就业创业指导中心，其职责是利用相关学生管理工作人员的专业优势，指导院系学生制订职业生涯发展规划，为毕业生提供与专业相关的求职技能和就业信息，指导学生从事创业活动等事务。院系就业创业指导中心应加强与高校就业创业指导中心的合作，利用院系的专业优势，加强与相关企业的联系，为学生提供高质量的就业创业服务。院系就业创业指导中心要牢牢抓住就业创业服务和就业创业指导这两条主线开展工作，做到重点关注、重点服务、重点推荐，谋求整体突破，

提高毕业生的就业率。

（二）实现高校学生管理模式的法治化

1.加快高校学生管理法治化进程

这是实现高校学生管理模式法治化的前提和基础。推进管理法治化是纠正高校学生管理制度建设弊端、堵塞制度漏洞的有效手段。高校教育是对"人"的教育，对"人"的教育必须建立在尊重人的基础之上，而对人的尊重首先是对人的权利的尊重。长期以来，教育道德化是一贯坚持的教育理念。在教育过程中，权利的设置和运用常常只受道德标准的衡量与限制，而缺乏法律的规范。但在依法治国的环境下，高校与学生之间的关系已经不再是一种简单的管理者与被管理者的关系，而是一种对应的权利与义务关系。因此，高校学生管理工作者应当将教育关系作为一种法律关系来看待，应当将尊重受教育者的合法权益作为教育者的首要义务，在行使教育管理权时，首先考虑的不应当是如何"处置"受教育者，而应当是这样处置是否合法、是否会侵犯教育者的权利，从而真正将受教育者作为一个平等的法律主体来对待。这才是符合时代发展要求、体现现代法治意识的教育理念。高校学生管理的法治化需要管理者提高法治意识。高校学生管理工作者具有良好的法律意识是严格依法办事的重要前提，它可以促使高校学生管理工作者在依法行使自己管理职权的过程中，尊重和保护学生的法定权利，避免对学生的侵权。高校应该通过进行法学理论方面的专门化培训、敦促高校学生管理工作者自学等方式，培养高校学生管理工作者的法律意识，尤其是民主思想、平等观念、公正精神、法治理念等，从而自觉用法律法规来规范自己的言行，在管理工作中公正对待学生，尊重学生权利。同时，高校可以外聘一些司法工作者组成学生法律援助组织和仲裁机构，并与司法部门建立联系，协同接受各类申诉，立案处理一些案件，形成法治化的育人环境。

2.建立正当的管理程序

这是实现高校学生管理模式法治化的关键所在。在具体的管理行为中，实现法治化的重中之重在于程序。这就要求高校在处分学生时及时将处分意见送达本人，确保学生的知情权不受侵犯；建立听证制度，充分保证学生的知情权；建立申诉机制，使学生有一个为自己辩护的机会；建立司法救济机制，保障学生的合法权益。从保障学生权利和维护学生尊严的角度来看，正当程序有利于保障学生的权利，特别是涉及学生的基本权利时更是如此。没有正当程序，受教育者在学校中的"机会均等"就难以实现，其请求权、选择权、知情权就难以得到保障和维护。

另外，如果仅仅从工具性价值来理解正当程序的话，那就贬低了正当程序的价值。程序不能只是达成实体正义的手段，程序具有自身独立的价值。

3.建立科学的高校学生管理法治化体系

这是实现高校学生管理法治化的重要保障。高校对学生约束的主要依据是法律标准。特别是在学生处分问题上，道德品质评价不能作为处分学生的依据。在对学生进行处分时，高校学生管理工作者要就事论事，事实清楚、程序正当、依据明确、定性准确；要改变既往惯常对问题学生进行处分的管理模式，发挥思想政治工作的优势，在处分前要注重对学生的不良思想倾向进行引导，在处分中要加强对学生的思想教育，发挥学生主体的自我教育功能，引导学生强化社会责任感，在处分后要做好后续的管理和服务，给予学生更多的人性化关怀，从而通过把思想教育"软件"与刚性管理"硬件"密切结合，营造良好的育人环境。确立科学的高校学生管理评价体系不仅要实现"管住人"，还要"管好人"，以德服人、以理服人，从而维护学生的正当合法权益。

二、拓展多样化的高校学生管理渠道

高校学生能够快速接受新事物，为此，高校学生管理工作者必须适应管理客体的变化，在实际工作中创新使用多元化的学生管理工作方法。

（一）实施"多渠道"学生管理沟通方式

高校要在学生参与学生管理的方法上进行大胆尝试。根据目前的实际情况，高校可通过以下方式鼓励学生参与高校学生管理：

①建立学生代表列席学生管理工作月例会的制度。高校分管学生管理工作的副书记或学生管理部门组织召开学生管理月度例会时，可安排有关学生代表参加会议。在参会时，学生代表可以参与有关事项的讨论，提出自己的意见或看法；对于学生代表持有不同意见的议题，会议不可做出决定，由学生代表在会后征求学生意见后反馈给有关部门再议。

②每学期不定期召开学生管理工作沟通会。以座谈会的形式进行，参与会议的人员为学校管理部的工作人员及学生代表。会议的主要内容为听取学生代表对高校学生管理工作的意见或建议，会议对意见或建议能当场解决或答复的，要当场处理，不能及时解决的要在限定期限内答复学生。

③通过设置学生意见收集箱、在校园网上开辟专区等方式，随时收集学生对高校学生管理工作的意见或建议，并答复学生。上述会议的参会学生代表可从如下方法中选其一进行确定：一是校方发布通知，明确学生代表的参会条件及参会名额，鼓励学生公开报名，依照报名顺序确定后邀请其参加会议；二是通过定向方式，指定学生参加会议；三是邀请经各系学生选举出来的学生代表参加会议；四是按照一定规则随机抽选，邀请被选中的学生参加会议。无论是哪种方式，都要保证确定参会学生代表的过程公开透明，并保证参会学生代表的代表性。

这样的方式，一方面可以拓展学生参与高校学生管理工作的通道，另一方面，经会议通过并确定实施的议题，由于其内容经过了学生代表广泛的民主讨论，在执行过程中，参会学生代表自然成为该决议的推动者、宣传者，从而使决议执行得更加顺利。

（二）以高尚的校园文化引领学生

环境是人们赖以生存和发展的自然条件和社会条件的总和。校园文化环境是指与校园文化的形成与发展密切相关的外部条件。校园文化环境包括校园的物质环境和校园的精神环境两部分。校园的物质环境是以布局成型的姿态出现的物质环境，主要是指校容，如建筑物的布局、室外的绿化等。校园的精神环境主要是学校的传统习俗、校风、人际关系、心理氛围、文化品位及活动构成的气氛等。

人的发展及才能的养成是遗传、教育、环境共同作用的结果。人不仅受他们所处的环境的影响，也在不断地改变着环境，而这个环境又进一步地影响他人和自己。就学校而言，这种对人的发展及才能的养成产生影响的环境，就是校园文化环境。校园文化环境对学校的教育工作及师生的生活有着不可低估的作用。开展多元化的学生集体活动能够培养学生崇高的理想和高尚的道德情操，能够使学生的兴趣爱好和特长得到良好的培养和充分的发挥。在一个健全的集体中，学生的不良习惯及意识也比较容易克服，因为集体的优良作风对学生思想品德的形成和发展能起到巨大的促进作用。因此，高校学生管理工作者要充分调动学生的积极性、创造性，设法激发学生的思维兴奋点，组织开展丰富多彩的集体活动，在集体活动中教育、培养每个成员的集体主义精神，通过各项活动，积极发挥和发展学生的才干及特长，使活动和教育融为一体。

三、建设科学的高校学生管理评价体系

为衡量高校学生管理的实际效果,需要建立一个科学合理的多元化管理评价体系,以便对高校学生管理情况进行客观、公正的评价。

(一)构建多元化的高校学生管理评价主体

从高校外部来看,高校学生管理评价的主体主要包含高等教育主管部门、用人单位等两个主体,被评估的对象均为高校。从高校内部来看,高校学生管理评价的主体则包括校领导、职能部门、系或学院等二级单位、辅导员、学生和实训基地等六个评价主体。

1. 外部评价主体

高等教育主管部门主要关注高校的综合实力,并对高校进行全面的评估、评价,重点对高校学生管理模式中的素质教育、学生管理的基本情况、就业率及社会声誉等四个指标进行评价。用人单位则主要关注高校毕业生的整体能力和职业素质或职业操守,重点关注学生的综合素质指标,并可对毕业生质量和学校的社会声誉进行评价。

2. 内部评价主体

高校的校领导既可对所有的学生管理评价指标进行评价,又可对负责学生管理工作的中层干部及其工作业绩进行评价;实训基地应对学生在实训基地的表现情况进行评价,作为学生综合素质指标中的重要组成部分;辅导员、职能部门及二级单位则可对学生的综合素质情况进行评价;二级单位与学校职能部门可以相互评价;学生可对二级单位及高校职能部门的工作情况进行评价。

（二）设置多元化的高校学生管理评价指标

鉴于高等教育主管部门对各高校的评估工作已经有了完善的流程、成熟的方法和健全的指标，因此在这里暂不对高等教育主管部门的评价指标进行探讨。高校学生综合素质的评价指标可以满足用人单位的关注需要，因此下面仅对内部评价主体的评价指标设置进行探讨。

高校在设置评价指标时，要按照分层设置、全面公平的原则来确定指标设置的总体架构，同时要兼顾阶段性操作原则，如学期考核和学年考核相结合，还要坚持量化考核与定性考核相结合的原则，并兼顾各评价主体均可参与考核的原则。

由于各高校的具体情况不同，因此这里暂不对高校学生管理模式评价体系的整个评价指标设置进行详细阐述，而是对以学生为评价对象的学生综合素质的评价指标设置进行说明，以便阐述高校学生管理模式评价指标的设置思路和方法。结合高校学生在实训基地工作的时间、社会对高校学生的技能要求等要素，高校学生综合素质评价指标体系应分三级设立，才能全面反映学生的思想道德素质、身心素质和专业素质。即学生综合素质的一级指标为道德、心智、技能等，每个一级指标下再设置二级指标和三级指标。

四、推行精致化管理新模式

精致化管理是当前管理科学领域的一个重要思想，针对高校学生管理的复杂性，提出精致化管理有助于提高高校学生管理的整体质量，同时其也是提升高校学生管理工作效果的一项重要手段，并且能够为创新高校学生管理工作模式提供重要思路。

精致化管理起源于日本，是一种企业管理的理念。它主张最大限度地减少管理所占用的资源和降低管理成本。这一思想已经广泛应用于很多管理学的领域。它在常规管理的基础上，更加强调管理内容的细节化和精细化。在提升组织整体执行能力的过程中，精致化管理是一项十分重要的手段，其实质就是将任务具体化和精细化，它是一种对战略和目标分解、细化和落实的过程。在精致化管理中，组织的战略规划被贯彻落实到了管理过程中的每一个细微的环节，并且让每个环节都发挥作用。

精致化意味着精益求精。高校学生管理工作实现精致化就是要运用精致化理论，将高校学生管理做细。具体来说，就是能够了解每位学生的状态，激发每位学生的潜能，使每位学生都能够找到适合自己发展的道路。要做到这一点非常不容易，因为高校学生的特点之一就是具有多样性。要做到精致化管理，需要在学生培养的所有环节都做到细致入微，这需要全员的参与，包括高校学生管理工作者和任课教师。精致化管理是一种高度，体现在大学生教育的每个细节当中。

精致化管理是高校学生管理模式的创新。它强调高校学生管理工作的可持续发展，对学生和教师都提出了更高的要求，需要师生的密切配合和共同努力，从细节着眼，最终实现整体的共赢，是适应新时代要求的管理模式。高校学生精致化管理充分体现了当代高等教育改革的重要发展趋势。与以往的管理模式不同，精致化管理模式强调学生个性的发展，承认学生的差异性，并致力于满足每位学生的要求。

相比于传统死板的管理模式，精致化管理模式能够极大地调动学生的积极性和内驱力，使学生具备较强的创新能力和社会适应能力。高校学生精致化管理的最大特点在于它充分借鉴了科学管理模式，不是单方面地趋向于某一种管理方式，是注重个体差异、强调"以人为本"的管理模式。随着信息技术的发展，现在的大学生可以接触到的信息量更大，他们的思想也更加多元化，即便是同龄的学生，即便生活与成长的环境相似，其世界观、人生观和价值观也可能迥然不同，这就给高校学生管理工作带来了很大的困难。以往"一刀切"的传统高校学生管理模式如果用在现在的大学生身上,势必会遏制一部分学生个性的发展。运用精致化管理模式,可以引导大学生追求正确的价值观,促进学生自我发展、自我服务和自我完善。

精致化学生管理模式需要着力坚持"以人为本"的学生管理理念,是"以人为本"理念在高校学生管理工作中的生动体现,它要求做到"一切为了学生、为了一切学生、为了学生的一切",把学生放在最重要的位置上。高校的根本任务是培养对祖国、对社会有用的人才,是培养综合素质过硬的学生,因此高校学生管理工作要以学生的培养工作为中心,贯彻落实精致化管理模式,科学制定精致化学生管理制度,保证在整个执行的过程中做到有章可循、有章可依,并做到制度精致、准确,针对学生管理工作中可能出现的情况做好预判,力求管理过程井然有序。

精致化管理具有特殊性,因此在高校学生管理工作中落实精致化管理时,要加强人员队伍建设,这包括学生管理人员队伍建设和学生干部队伍建设;要充分发挥辅导员和学生干部的作用,切实了解每一位学生的情况,包括其家庭条件、行为习惯、学习能力、经济状况、个人素质、个人特长、情感状况、心理状态等,并且针对学生的具体情况进行分析,找出适合学生个体发展的合理途径,并且对他们今后的发展开展必要的跟踪调查。这个工作量是巨大的,因此高校需要培养有力的学生干部队伍来辅助辅导员和学生管理工作者来做这个工作。

第四节 高校学生管理模式创新的实践：
学区制高校学生管理模式

近年来，随着高等教育大众化和高校后勤社会化改革的不断深入，学生公寓区从传统的休息、生活场所逐渐转变成学生成长发展的重要场所，传统的学生管理模式已经无法满足学生自我发展对教育提出的新要求。面对新形势、新特点、新要求，创新高校学生管理模式，成了各个高校探索和关注的重点。高校结合形势的变化，不断探索高校学生管理工作的新途径、新方法，提出了一种新的学生管理模式——学区制高校学生管理模式。

一、学区制高校学生管理模式的内涵

学区是具有地理属性和教育属性的概念。从地理属性上来讲，它包括学生宿舍、食堂、文化娱乐活动场所及商业网点，是学生课外休息、生活、学习、交往及群体活动的特定区域。从教育属性上来讲，学区是第一课堂的延伸，是高校对学生进行综合素质教育的重要场所。采用学区制高校学生管理模式，就是要把高校学生管理从班级前移到学区，把学区建设成为融"思想教育、行为指导、生活服务、文化活动、道德实践"等功能于一体的教育阵地。

（一）学区制高校学生管理模式工作机制

一些高校尝试在党委下设校学区党工委，由学校学工部门及各学区负责人组成。学区党工委是学区的领导决策机构，主要包括制定学区的工作章程及发展规划，健全各项规章制度，以及协调学区和学院的工作。各学区设立党总支，下设党支部，主要负责本学区的学生党建及日常学生管理工作。学区是独立的与学院平行的实体行政机构，设主任、副主任、组织员等领导岗位；下设负责学生党团建设、心理与资助发展、学生宿舍管理与服务等科室。

（二）学区制高校学生管理模式职责分工

为了进一步厘清学区与学院的学生工作职责，应始终把握"第一课堂"和"第二课堂"有机结合的原则，把与学业、就业等有关的教育管理划给学院，把学生综合能力培养和日常事务等划归给学区，二者有效衔接，共同承担起育人的重要职责。学区主要负责学区内日常的学生管理和服务，包括学生党团建设、学区公寓文化建设、学区学生评奖评优、军训与国防教育、辅导员队伍建设、心理健康教育、资助工作、宿舍管理与服务，以及参与学院牵头的学生活动等工作。学院主要负责教工和研究生的党建、本专科学生的就业指导、学科竞赛、班主任队伍、学风建设、教学区学生思想动态，以及以学院为单位的大型学生活动的组织协调等工作。

学区制高校学生管理模式的工作理念在于倡导"以学生为本"，以科学、优质和专业化的指导、服务，实现学生的全面发展；通过整合高校各类资源，提高学生管理工作的整体效能；以服务引导的发展理念，注重教育管理功能向引导服务功能转化；学区与学院实行二级平行管理、条块结合的运行模式，打破学院与学区、后勤之间的界限，使学习的第一、第二课堂有机融合，实现高校学生管理工作的一体化。

二、学区制高校学生管理模式的必要性

（一）是深化高等教育体制改革的现实需要

随着高等教育从精英化向大众化的转变，高校学生管理工作者如果继续

运用传统的科层制管理模式,那么在学生身上投入的时间与精力就会严重不足。特别是在高校教学改革后,学生有了更多自由支配的时间和空间,传统的学校—学院—班级管理模式无法将教育的触角全面延伸,高校学生管理工作者难以及时做好学生管理工作。随着高校实现后勤社会化,后勤部门难以实现对学生的有效管理,而传统的管理模式又使学生与班级、学院、教师的关系逐渐疏远,生活区的教育管理处于"真空状态"。此外,生活区的多头管理存在安全隐患,难以构建安全、和谐、稳定的育人环境。

(二)是学生自我发展的内部需要

高校学生价值取向多元,他们不仅需要学习专业知识,还需要心理调适、学习生活、社会适应等方面的协助与指导,更需要周到和人性化的管理与服务。他们多以"自我价值实现"为目标,成才欲望非常强烈。来自社会、家庭及自身的压力,使他们自我成才的自主意识愈发强烈。

高校学生生活区作为学生管理工作的重要载体,承担着学生生活、学习和社会活动的重要职能,这就要求高校在公寓区搭建一个学生成长成才的优质平台。

(三)是解决现行管理瓶颈的实际需要

当下,学生公寓区无论是在硬件建设方面还是在软件建设方面,离学生的实际需求仍有不小的差距。在硬件设施方面,学生公寓区的场所、设施不足,第二课堂活动难以开展。在软件建设方面,公寓区的管理队伍不稳定,存在着重管理而轻育人的现象。特别是目前绝大多数高校的党组织都建在专业院系,在学生生活区缺少党建工作的组织体系和有效载体。另外,生活区还存在多头管理、缺乏衔接和有效沟通、学生参与后勤管理程度不高等问题。

（四）是探索高校学生管理新模式的发展需要

近年来，不少高校对学生公寓区的管理模式进行了探索和实践，几种具有代表性的管理模式逐渐进入大众的视野。以西安交大为代表的书院制，在学生生活社区完成第一课堂外的所有活动，其必备条件是完全学分制，这在国内大部分高校很难实现；以上海部分高校为代表的社区制（自管会制），主要将学生管理服务功能部分迁入学生生活园区，借助学生自组织，完成思政引领物业的功能，但不能完全满足学生的成长成才需要；以广东部分高校为代表的延伸制，主要加强了公寓区的文化建设，但无法充分发挥新形势下的管理育人功能。显然，以拓展学生管理工作阵地，实现学生工作重心平衡，促进学生全面成长成才为主导的学区制学生管理模式是一项新的实践。

三、学区制高校学生管理模式构建的理论基础

（一）人本管理理论

采用学区制高校学生管理模式是管理客体全面发展的需要，其具有"以人为本"的内涵，突出以人为中心的管理地位，注重对管理者人本管理思想的塑造。在高校学生管理过程中，管理者要高度关注管理客体各种个性化的本意、特长、潜能及其发展目标，在认真分析管理对象的基础上，用不同方式，有针对性地满足管理客体的个性发展需求。高校学生是一个具有高成就需求的群体，也是更渴望成功的群体。尊重与激励管理客体的全面发展，是当今高等教育的大趋势。简言之，激励学生发展，是高校学生管理工作者的本体性任务。

在学区制学生管理模式中，人本管理的基础是情感管理，人本管理的具体体现是服务学生，人本管理的重要标志是自主管理，人本管理的最高层次是人文教育。

（二）多元治理理论

多元治理理论主张强化层级节制，权责界限清晰。从社会管理的角度来看，多元治理的角度是多元的，治理手段是复合的。多元治理作为一种新兴的理论之所以具有旺盛的生命力，在于它实现了管理的双赢。高校学生管理工作要尊重教育主体的多元化，这就要求高校学生管理体制必须符合学生多元化的利益要求。学区制高校学生管理模式在保留原有的以"校—院—班"为组织体系的学生管理系统的同时，在公寓区构建了另外一个系统，即形成"学区—学生组织—学生"的管理系统。多元治理理论强调管理与学生主体的互动，模糊各行政部门与学生自组织之间的界限，并重视相互之间的依赖关系。此外，多元治理理论注重在各种组织和个人参与的基础上，最终形成一个合作的网络，来承担各项学生管理事务。

教育应当把主要着力点放在学生处理事情和操作的各种技能方面。我国的教育学者以心理学（特别是教育心理学）对发展领域的划分作为内在逻辑，以时代和社会需要作为领域设计的标准，把教育目标分为"基础知识、基本技能、基本能力和健康个性"四个领域。学区制高校学生管理模式对高校的人才培养目标进行了合理的重构。学院的管理目标主要是学生的学业，即学生的专业基础知识和专业技能；学区的管理目标是学生的全面素养，即学生的综合素质能力和健康人格个性。对学院和学区教育目标的合理区分，有助于高校学生管理目标的实现。

四、学区制学生管理模式的应用

学区制高校学生管理模式是建立在传统的学校—学院—班级管理模式的基础上的，强调各院系依然设立学生管理的组织机构，履行着相应的工作职责。国内部分高校探索的延伸制、社区制、书院制是对传统学生管理模式的超越式回归。

　　学区制高校学生管理模式的核心是解决学校、学院、学区、教师之间的有效衔接和高效互动两大难题，它关系着学区制高校学生管理模式能否可持续发展的问题。高校的功能是实现人才培养，学区制高校学生管理模式的核心体现的是对"人"的培养，主体是学生。因此，高校在设计人才培养目标时，应将学区制作为人才培养中不可分割的一部分，理解为培养目标的具体化，确立人的全面发展为学区制的逻辑起点，从而协调、整合校内外各类资源，制定各类主体的工作目标和确定各自应承担的具体工作。学院承担着教学的具体实施工作，要做好学生的专业培养，也要做好专业教师在学区管理方面的引导和渗透。学区既是学区制学生管理模式的实践平台，也是检验实践效果的主要场所，高校要做好对学生的思想引领，还要为学生的成长服务。教师是教育者，无论是专业学习还是实践指导，都需要教师发挥主导性。

　　在传统的学生管理模式中，高校及其职能部门往往具有绝对的权威，采取的是科层制的管理模式，所有的制度和保障都是自上而下的。在学区制高校学生管理模式下，管理主体的多元化是必然要求。因此，学区制下的高校学生管理必须把握多元和全员参与的原则，做好顶层设计和结构布局。一是制定管理机制。例如，制定学区党工委工作协调会议机制、学区学院工作联席会议制度、辅导员与班主任队伍建设制度、教师育人工作办法、导师制工作办法、大学生综合素质测评办法、大学生党建制度等。二是制定培育机制。例如，建立较为完善的职前和职中培训体系，促进高校学生管理工作队伍的专业化发展。三是制定选聘及评价机制。选聘机制建设包括严格确定选聘条件和选聘程序，规范高校学生管理工作者的专业学位要求和职业资格证书制度。通过评价机制建设，考查高校学生管理工作者指导和服务职责的实际效果。四是制定学生自治机制。充分调动学生参与学区管理的积极性与创造性，把管理要求作为学生自我实现的目标，提高管理效率，形成独特的校园管理文化，让学生自组织充分发挥"自我教育、自我管理、自我服务"的功能。

第五章　高校学生管理技术创新

第一节　大数据技术下的高校学生管理创新

一、大数据技术概述

大数据技术作为现代信息技术的一个重要分支，具有快速、高效等特点，在各个领域中得到了广泛应用。下面，笔者将对高校学生管理中的大数据技术进行详细介绍。

麦肯锡全球研究所报告《大数据：创新、竞争和生产力的下一个前沿》对大数据的含义做了界定，认为大数据是指大小超出了传统数据库软件工作的抓取、存储、管理和分析能力的数据群。我国学者涂子沛认为，大数据是指那些大小已经超出了传统意义上的尺度，一般的软件工作难以捕捉、存储、管理和分析的数据。由此可见，大数据主要是指数据规模巨大的数据库，其主要内涵包括两个方面：一是数据规模大，达到无法用传统的软件工具来进行提取、存储、管理、分析和应用的程度；二是数据处理技术新，对如此大规模的数据进行提取、存储、管理、分析和应用需要全新的技术体系来支撑。

在高校学生管理中，大数据技术可以帮助高校收集和分析大量的教育数据，包括学生的学习行为、学生成绩、课程评价等，从而更好地理解学生的需求。大数据技术以其鲜明的特征展示其巨大的力量，使信息产生和传送的速度、方式、范围都发生了前所未有的变化，给高校学生管理工作带来了深刻的影响。

二、大数据技术下高校学生管理的方向

（一）理性化决策

高校学生管理的主要对象是大学生，大学生的思想、行为和个性是丰富的。由于思想的无形性和复杂性特征，要了解一个人的思想是比较困难的，以往只能依赖于学生个人经历来做出判断。这种传统的主观决策方式和基于经验的学生管理模式会失之偏颇。在大数据技术的帮助下，高校学生管理工作者可以获得有关大学生的方方面面的信息，可以有效地做出更科学的判断、更加理性化的决策。利用大数据技术，高校学生管理工作者可以通过互联网收集大学生群体的思想、行为特征，形成对大学生群体思想行为的规律性认识，并实现科学决策。

（二）精准化预测

预测是大数据技术的核心，它把数学运算法运用到海量的数据上，从而来预测事情发生的可能性，实现预估的目的。海量数据使人们对事物发展状况的预测成为可能，也使人们对人类行为的预测成为可能。在大数据技术的加持下，大学生的行为都被记录、保存下来，这些行为数据是相互依存和关联的，高校要通过对这些行为数据进行深度分析和整合，找到这些行为之间的联系，发现大学生行为的趋势和可能性，从而对大学生的行为进行预警和预测。通过检测大学生的行为数据，发挥预警机制的作用，高校学生管理工作者能迅速做出反应，提前对学生进行指导和干预。

（三）个性化服务

大数据技术使个性化教育成为可能，这将使高校学生管理发生重大改变。以往高校学生管理工作只能从整体上制订工作方案，忽略了学生的差异性和个性化需求。大学生是极具个性的群体，他们注重个性，希望被作为独特的个体来看待。大数据技术让有关人员重新审视高校学生管理，不仅从整体上把握高校学生管理的规律，更注重从个体上来开展具体的工作，促进每个大学生的个性化发展。大数据技术通过全面、及时、动态地记录每个学生的学习、生活和社交情况，形成对每个学生的准确认识，准确把握学生的个性和成长需求，从而有针对性地对其开展思想政治教育、职业生涯规划、心理辅导、综合素质教育，实现对学生的个性化服务。

（四）科学化评价

在以往的高校学生管理实践中，无论是对学生的思想评价，还是对学生的家庭经济情况的评价，都很难采用量化的方法，高校只能从辅导员、班主任、同学等各种渠道尽可能多地了解情况，从而形成主观性极强的评价，这样难免会存在一定偏差。但通过对大数据技术的使用，以评价学生的家庭经济状况为例，高校学生管理工作者可以通过学生校园卡的消费记录、购物网站的消费记录、手机缴费清单、个人账户的往来记录等清晰地把握学生在某一段时间的具体收支情况，从而对其个人经济情况做出准确判断，这能够避免由主观分析带来的失误。在对学生的思想状况做出评价时，通过大数据技术对海量数据的分析，也可以更加准确地把握其思想和行为动态，对反映其思想特征的信息进行数据化处理，从而使量化分析成为可能。在评价学校、二级学院的学生管理工作时，可以采用定性与定量相结合的方法，将单项评价与综合评价、过程评价与结果评价结合起来。这种定性和定量相结合的方法，将极大地提高高校学生管理工作评价的科学性。

三、大数据技术在高校学生管理中的应用

(一)大数据技术在高校学生管理数据分析中的应用

大数据技术作为一种强大的工具,在高校学生管理中发挥着重要的作用。

在高校学生管理数据分析方面,大数据技术的应用可以为高校学生管理工作者提供全方位、全面准确的数据支持,以辅助他们做出科学决策。

大数据技术可以帮助高校学生管理工作者进行学生行为分析。通过收集和分析学生的学习数据、社交数据、行为数据等,高校学生管理工作者可以了解学生的学习兴趣、学习习惯等信息,从而为其提供个性化的管理服务。例如,结合学生的学习数据和社交数据,高校学生管理工作者可以发现一些学生在团队合作中的优势,然后将其推荐给其他学生,促进学生之间的合作与交流。

大数据技术可以帮助高校学生管理工作者进行学生学业预测。通过收集和分析学生的历史学习数据、评估数据等信息,高校学生管理工作者可以对学生的学习表现进行预测,并借助这些预测结果,提前发现学生可能遇到的困难,进而采取相应的措施,帮助学生克服学习障碍,提高学生的学习效果。

(二)大数据技术在高校学生资源管理中的应用

资源管理是高校学生管理中至关重要的一环。传统上,高校学生资源管理往往依赖于人工收集、整理和分配,效率低下且容易出错。随着大数据技术的迅猛发展,高校学生资源管理也发生了较大变化。

大数据技术为高校学生资源管理提供了更全面、准确的数据支持。通过搜集学生的学业信息、课程评估结果、实习及就业数据等,大数据技术可以帮助高校学生管理工作者更好地了解学生的需求和动态,进而作出更准确的资源分配决策。例如,高校学生管理工作者可以利用大数据技术分析学生的学习行为习惯,为学生推荐适合其学习风格和兴趣的学习资源。

大数据技术可以实现高校学生资源的智能化管理。高校可以通过将大数据技术与人工智能技术结合，构建智能教育资源管理系统。这样的系统可以自动对教育资源进行分类、存储和检索，使得资源的获取更加便捷高效。系统能够根据学生的个性化需求和学习进度，智能推荐合适的资源，帮助学生提高学习效率。

大数据技术也为高校学生管理工作者提供了更好的资源评估工具。通过对高校学生资源的使用情况、质量评估情况进行大数据分析，高校学生管理工作者可以更好地了解资源利用效率，优化资源配置。例如，高校学生管理工作者可以利用大数据技术分析不同教师所教授课程的成绩和评教结果，从而评估教师的教学质量，以给学生提供有针对性的指导。

（三）大数据技术在高校学生管理质量评估中的应用

随着大数据技术的发展和应用，越来越多的高校开始利用大数据技术进行高校学生管理评估工作。大数据技术的应用不仅能够提高评估的精确度和效率，还能够为高校提供更全面的评估指标和决策支持。

大数据技术在高校学生管理质量评估中的应用使评估工作更加精确。传统的高校学生管理质量评估主要依靠问卷调查、学生反馈等方式，但这些方法往往受限于样本数量和质量。而利用大数据技术，可以收集大量的高校学生管理数据，包括学生的学习行为、成绩、课程选修情况等。通过对这些数据进行分析和挖掘，高校学生管理工作者可以得到更准确、客观的评估结果，避免了传统评估方法中的主观因素。

在高校学生管理质量评估中应用大数据技术，有助于提供更全面的评估指标。传统的评估方法往往只能根据一些有限的指标来评估高校学生管理质量，如学生的成绩、毕业率等。而利用大数据技术，可以从多个角度对高校学生管理质量进行评估，如教师的教学质量、学生的学习兴趣和参与度等。这样，评估结果更加全面、综合，能够更好地反映高校学生管理实际情况，为高校提供更科学的改进方向和决策支持。

大数据技术在高校学生管理质量评估中的应用提高了评估的效率。传统的评估方法往往需要耗费大量的人力、时间和资源，而利用大数据技术，可以实现自动化、高效率的评估过程。大数据技术能够快速收集、整理和分析大量高校学生管理数据，提供实时的评估结果和反馈。对于高校来说，这不仅节省了人力资源，还能够使高校及时了解学生管理质量状况，进行及时调整。

四、大数据技术下高校学生管理创新的路径

（一）建设一个集成型的高校学生管理数据平台

利用大数据技术开展高校学生管理工作的基础是数据，只有掌握了大数据技术，才能真正了解大学生的思想行为特点，有效地开展各项教育、管理和服务工作。首先，高校要进行顶层设计，建设一个集成型的数据平台。各高校在轰轰烈烈地开展智慧校园建设时，往往是"各自为政"，只考虑本部门的工作需求，学校内部都很难实现数据共享和整合。因此，各高校应该设立一个协调部门或数据中心，集成学工部、教务处、后勤处、图书馆等与学生管理相关的各部门的信息平台，整合所有与学生相关的信息，建设一个系统的在线数据收集平台，形成一个全校范围的学生管理工作数据库，以保证及时全面地收集所有学生的所有数据。其次，各高校要从整体的角度做好数据分类、分层的收集规划工作，确保数据来源和方式的多样化，确保数据类型的多元化，确保覆盖所有与学生管理工作相关的因素，确保数据采集的广度、深度和细分度，建立一个数据收集的立体化系统。最后，高校要主动利用社会数据库。大学生的主要活动阵地涉及不同的平台，单靠学校内部的数据库无法全面掌握学生的所有情况，而且社会各界的数据收集力量和技术可能更加强大，所以高校需要突破校园围墙，主动与相关网络媒体、社会组织、政

府部门、其他高校建立协同机制，共享数据资源，动态地把握学生数据，充分借助社会力量，充实高校学生管理工作信息库。

（二）建设一支复合型的高校学生管理工作队伍

大数据技术的应用，给高校学生管理工作队伍提出了更高的要求，除了具备以往的素质能力，高校学生管理工作队伍还要具备大数据意识和处理信息的能力。首先，高校学生管理工作者要具备大数据意识。高校学生管理工作者要充分认识到大数据技术对创新高校学生管理工作的重要价值和意义，从思想层面重视大数据的采集、整理和分析工作，还要有意识地培养自身对数据信息的敏感性，培养大数据所要求的整体性、混杂性和相关性思维。其次，高校学生管理工作者要具备运用大数据的能力。高校要加强对高校学生管理工作者的培训，使其积极地融入大数据时代，主动学习大数据所需要的收集、分析和处理技术，提高自己的信息筛选和甄别能力，提高自己运用大数据技术的能力。高校学生管理工作者在具备了大数据的相关能力之后，还要主动将分析的结果运用到高校学生管理工作的实践之中，提高大数据技术的指导性作用。最后，对高校学生管理工作队伍的建设要有梯队规划。在高校学生管理中利用大数据技术，既要求高校学生管理工作者有过硬的学生管理能力，又要求其具备大数据方面的知识和能力，这在短时间内很难做到。为尽快满足应用大数据技术的要求，高校可以在对现有高校学生管理工作者进行培训的同时，重点建设一支有计算机、互联网专业背景的大数据专业团队，专门负责大学生数据平台的建设、数据采集、分析和整理及相关培训工作。高校要通过梯队建设和不断的培训，建设一支兼具学生管理能力和大数据处理能力的复合型学生管理工作队伍。

（三）建设一系列保障型的高校学生管理工作制度

在享受大数据技术带来的海量信息和高效便捷服务的同时，高校学生管理工作者也要清醒地认识到，大数据的急剧膨胀和数据滥用可能带来潜在的威胁，并由此引发伦理问题和法律问题。信息垄断挑战公平，信息披露挑战尊严，结果预判挑战自由。在大数据技术面前，每一个人都是透明人，每一个人的行为都会在网络上留下痕迹，包括极其隐秘的个人信息。大数据技术的普遍使用有可能暴露学生的隐私，导致学生的个人信息安全受到挑战。学生的海量个人信息如果不能妥善保存，就有可能被他人利用，使学生受到伤害。因此，无论是对于学生数据信息的收集、使用范围还是使用权限，高校都应该建设相关的制度加以保障。高校学生管理工作者要在确保学生个人信息安全的前提下，有效开展数据挖掘。高校可以建立和完善数据采集、管理、使用和决策的标准化流程，通过制度来规划大数据的管理和使用；可以成立相关部门或组织，监督和指导大数据的采集和管理人员，使其具备较强的安全意识和责任意识，做好信息保密工作。

大数据时代是高校学生管理工作不可回避的新浪潮和新环境，给高校学生管理工作带来了新的机遇。高校学生管理工作者应主动强化大数据意识，提高大数据方面的技术能力，利用大数据探索高校学生管理工作规律，提升高校学生管理工作的实效性，提高高校的人才培养质量。

第二节　人工智能技术下的高校学生管理创新

一、人工智能技术概述

人工智能技术是一种模拟人类智能的技术，通过计算机和算法的应用，使机器能够模拟和理解人类的智能行为。

人工智能技术被称为21世纪三大尖端技术之一，诞生于20世纪50年代。关于人工智能的概念，各个领域对其定义描述的侧重点不尽相同，但核心观点都是通过研究模拟人类的思维模式以实现特定用户的各项任务目标。关键问题在于研究如何使用计算机软硬件等相关技术完成模拟和替代人类诸如学习、思考、推理等智能活动，并构建具备人工智能的控制系统。

二、人工智能技术在高校学生管理中应用的背景

现代社会已经进入智能时代，教育与人工智能也逐渐走向融合。高校是科技创新的主阵地，人工智能技术浪潮的发展推动着高等教育的变革。从大学建立至今，高校学生管理的发展历经了几百年的历史，并在20世纪90年代开始迈入"突破与创新"阶段。2010年，美国学生人事管理者协会发布的《学生事务未来展望》的报告中提出，新时代的学生事务需要构建"大校园观"，利用数据基础，惠及每一个学生。因此，将人工智能技术嵌入高校学生管理便是在这样的时代背景中逐步推进的。

（一）社会转型期高校人才培养的新挑战

高校不是与世隔绝的，而是与社会密切相关的。高等学校肩负着为民族和国家培养人才的重任，随着高等教育大众化的进程，越来越多的人参与到高等教育之中。面对学生人数、专业规模乃至员工成本的增加，高校面临着财务和管理方面的空前压力，已经进入内部优化改革时期。当前，大学生被置于高等教育学习和教学的众多可能性和挑战的前沿。工业化到信息化的社会转型对人才培养质量提出了新的要求，学生们毕业后必须在一个充满价值冲突、信息限制、大量风险和不确定性的世界中行动。

在高校迈入高质量发展的轨道的过程中，学生学习和人才培养的基础与关键性作用日趋凸显。我国实现教育现代化目标中的一项重要任务便是加快

信息化时代的教育变革。学生管理是高校管理活动的重要组成部分，高校学生管理工作者需要让学生进行迎接挑战的一切准备，而传统的高校学生管理模式显然滞后于时代的发展。高校学生管理工作者和学生在认知和理解上存在着一定的"代沟"，新时代的社会特点要求高校培养高精尖的理论和技术人才。传统的学生管理理念与实践不再适应新时代的变化。为此，有必要结合时代背景来探索高校学生管理新模式，以解决当前大众化高等教育发展中的管理问题，最终实现"以服务促发展"的育人目标。

（二）人工智能时代对高校提出的新要求

技术的发展往往在一定程度上推动着教育教学的改革和发展。教育部在2018年发布的《高等学校人工智能创新行动计划》中提出，人工智能具有技术属性和社会属性高度融合的特点，是经济发展新引擎、社会发展加速器。大数据驱动的视觉分析、自然语言理解和语音识别等人工智能能力迅速提高，商业智能对话和推荐、自动驾驶、智能穿戴设备、语言翻译、自动导航、新经济预测等正快速进入实用阶段，人工智能技术正在渗透并重构生产、分配、交换、消费等经济活动环节，形成从宏观到微观各领域的智能化新需求、新产品、新技术、新业态，改变人类生活方式甚至社会结构，实现社会生产力的整体跃升。同时，加快人工智能在教育领域的创新应用，利用智能技术支撑人才培养模式的创新、教学方法的改革、教育治理能力的提升，构建智能化、网络化、个性化、终身化的教育体系，是推进教育均衡发展、促进教育公平、提高教育质量的重要手段，是实现教育现代化不可或缺的动力和支撑。当前，发展和应用人工智能技术已经成为国家战略，而人工智能技术已经普遍用于教育场景。

人工智能技术的加速发展对高等教育产生本质影响。它改变了学生服务的质量和结构，也改变了大学的时间动态。人工智能技术下的高校学生管理工作已经开启改革与发展的新篇章。

（三）新时代大学生呼唤高校学生管理的多元化

相较于经济和社会领域，教育的培养对象是具有多元发展可能和丰富个性的学生，因此教育领域的个体行为分析实际上是经济社会领域行为分析基础上的特殊性叠加。也就是说，管理的技术和手段的运用要符合当代大学生的思想理念和个性特征。早在2018年9月，第一批"00后"步入大学，与"80后""90后"相比，"00后"大学生群体有着更为独特的性格特征，他们个性化的价值追求、自主化的学习方式、网络化的娱乐生活、理性化的处世哲学、务实化的人生理想等给高校的学生管理工作带来挑战。随着高校学生管理工作从"供给驱动"向"需求驱动"的过渡和转变，高校学生管理工作者需要从当代大学生的个性特征出发，提升服务的水平与质量。然而，由于学生的思想和行为背后的动机具有隐藏性与变动性，高校学生管理工作者要完全准确掌握情况、跟踪变化有一定难度。

互联网所带来的网络化管理制度直接由其所具有的网络化连接所决定，改变了过去信息传递的金字塔式管理，以较低的门槛实行一对一、一对多、多对多的信息连接。"00后"大学生被称为"数字原住民"，他们在网络和数字化技术时代出生和成长，拥有着网络生活方式和思维方式。新一代大学生对人工智能技术的接受度高，以科技赋能的高校学生管理更符合他们的需求。数字化技术与教育的深度融合是大势所趋，符合新一代大学生的生存和学习方式。在此背景下，教育领域的人工智能正从简单的计算机过渡到嵌入式系统，实现对高校学生工作的赋能。

三、人工智能技术下高校学生管理创新的路径

高校学生管理工作在时间维度上覆盖了大学生入学到毕业，主要内容包括招生、注册管理、入学指导、宿舍生活、行为规范管理、学业指导和经济

资助等。对于高校学生管理的发展，人工智能技术可以实现技术赋能。当前，我国正处于"人工智能技术＋教育"的初级阶段。智慧学生管理是人工智能技术嵌入的高级阶段。实现二者的高度融合，需要构建优质数据库平台、打造人机协同的专业团队、搭建专业知识图谱，并将三种智能形态嵌入高校学生管理的全过程，真正实现人工智能技术的赋能作用。

（一）构建优质平台，实现对数据的多维度分析

大学生在寻求或接受高校学生管理服务时，存在不同的模态，即存在接受信息的不同方式。一般情况下，高校学生管理工作者需要对大学生提供的数据进行综合的拆解和分析，以得出有效的结论与建议。而"语言"数据的表征是较为表面和单一的，大学生的知情意行、细微的表情动作都有待纳入分析。基于深度学习的机器学习方法已经在语音、文本、图像等模态领域取得成功，人工智能中的多模态机器学习（multi-modal machine learning, MMML）也有了更为广泛的应用场景，MMML旨在通过机器学习的方法实现处理和理解多源模态信息。

数据是形成信息和知识的原材料，拥有数据才能提炼信息，数据和信息具有统一性。从某种意义上来说，数据可以进一步作为信息量的代名词，即较多的数据中包含较大的信息量。事实上，我国高校存在着各种独立的信息系统，数据分散于各个部门之间，不利于智能技术进行系统的挖掘和分析。高校只有整合各个数据系统，搭建多模式、大容量、计算能力强的高质量数据库平台，才能实现对数据和资源的最大化开发和利用。然而，不同结构的数据需要选取不同的机器学习算法进行处理，以充分挖掘数据中的深层次和内隐性的信息。因此，搭建优质的数据库平台，捕捉学生的数据，并对有效数据进行存储、加工、处理、分析，不仅可以发掘数据价值，还能为人工智能技术提供丰富、优质的数据资源，实现对高校学生管理工作的多维度分析。

（二）打造专业团队，实现一体化的人机协同

高校需要充分理解数据和人工智能技术的重要性，将人工智能技术嵌入高校学生管理的不同形态，明确高校学生管理工作者所需要具备的与人工智能技术相关的知识、应用能力乃至思维等，构建应用人工智能技术的核心素养框架。人工智能系统可以为高校学生管理工作者提供广泛的功能，使他们能够同时执行不同的管理任务，并将大大减少其文书工作及工作量，使他们能够集中精力执行其核心任务。

高校学生管理工作者必须认识到学生管理是一项以人为中心而不是以技术为中心的工作。"人"是管理的核心要素，高校学生管理工作者应彰显自身作为人的独特价值，从思维价值、社会价值和心理价值三个方面对学生管理工作进行改革。"育人"是高等教育教学、管理工作的本质目标。技术与教师的有机结合，才是人工智能与教育结合的根本之策。将人工智能技术嵌入高校学生管理，需要专业的高校学生管理工作者在精准的学情信息的协同下进行决策。人类智能与人工智能的互补性造就了动态平衡、角色互补的应然人机关系。也就是说，只有实现一体化的人机协同，才能够最大化发挥人工智能技术在高校学生管理中的优势。高校可以采取两种措施来打造专业化的管理团队，一是委托第三方进行，二是设置专业岗位，确保"人机协同"下高校学生管理工作效率的最大化。

（三）搭建知识图谱，实现适应性反馈与评估

新时代，高校学生管理的工作内容越来越宽泛，但高校应始终坚持"以学生为本"的初衷，把提高人才培养质量落到实处。因此，高校需要建立长效跟踪和反馈机制，不断改进高校学生管理的工作质量。而即时评估和适应性反馈也受到受教育者主体性的影响，导致高校学生管理的服务性与价值性的割裂。因此，高校学生管理工作者需要搭建存储大量三元组形式信息的专业知识图谱。知识图谱在 2012 年由谷歌公司正式提出。知识图谱以其强大的

语义处理能力和开放组织能力，为互联网时代的知识化组织和智能应用奠定了基础。构建知识图谱的流程包括知识建模、知识获取、知识融合、知识存储、知识计算和知识应用。知识的生成有赖于对信息进一步的加工和处理，知识是蕴含在数据中的。通过知识，可以更好地理解信息，甚至预测信息。因此，高校要采取"自上而下"和"自下而上"相结合的构建方式，首先，根据高校学生管理工作的专业知识和经验总结初步构建模式层和数据层，形成初始的知识图谱；其次，利用案例库的知识融入，完善和拓展现有知识图谱；最后，在此基础上建立多元交互以及感官化的适应性反馈系统。

高校学生管理工作者需要和大学生共同参与知识图谱的构建，开发服务于大学生学习和生活的在线诊断、资源推荐、智能问答等功能。另外，人工智能技术还能辅助高校学生管理工作者为学生搭建个体知识图谱，让学生对自己有着更为清晰的认知，实现学生的自我管理。无论是传统教育还是远程教育，尽早发现学生的问题并提供及时指导，都是非常必要的。

随着人工智能在高等教育领域的不断嵌入，不管是学生还是教师，都会习惯乃至依赖智能技术，其伦理问题将会成为关注的重心。防止人对技术的"依赖性"异化，要求教师拥有专业的综合能力。一方面，在发现教育伦理问题时，教师要能够及时进行干预。另一方面，这也启发了高校学生管理工作者寻觅和塑造新的角色。在实现"以服务促发展"的目标中，重点在于培养学生的想象力、创造力和创新能力，而这些能力和技能是机器所无法复制的。除此以外，政府相关部门也需要探索和构建符合人工智能技术的信息伦理，即制定信息行为规范以填补信息空间中的道德真空。

技术具有双重本质。一方面，人工智能的嵌入将提高高校学生管理工作效能；另一方面，高校又不得不控制和监管新技术所带来的潜在风险。这两种任务经常互相冲突，需要第三方部门的协助，如建立垂直的组织化结构和制定相关的监管细则。总之，高校学生管理中技术与人之间的"磨合"抑或"融合"仍需要进一步探索。

第三节 云计算技术下的高校学生管理创新

一、云计算技术概述

(一) 云计算技术的概念

云计算的定义有很多,基于用户的视角来看,云计算的目的就是让使用者在不需要了解资源的情况下对资源进行按需分配。当前的主流云计算更接近云服务,因此云计算可以理解为早期运营商提供的数据中心服务器租用服务的延伸。以前用户租用的是物理服务器,现在用户租用的是虚拟机、软件平台,甚至是应用程序。公认的三个云计算服务层次是基础设施即服务(infrastructure as a service, IaaS)、平台即服务(platform as a service, PaaS)和软件即服务(software as a service, SaaS),分别对应硬件资源、平台资源和应用资源。

对用户来说,当运营商提供给用户中央处理器(central processing unit, CPU)、主机、网络带宽以及存储空间,但需要用户自己安装系统和应用程序时,就是IaaS。

对用户来说,当运营商提供给用户一套包含基本数据库和中间件程序的完整系统,但需要用户根据接口自己编写应用程序时,就是PaaS。

对用户来说,最简单的方式是运营商将应用程序写好。例如,客户要求运营商提供一个500人的薪酬管理系统,运营商提供的服务就是一个超文本传输安全协议(hypertext transfer protocol secure, HTTPS)的地址,用户只要设定好账号、密码就可以直接访问,就是SaaS。

简单来说,云计算的核心是计算,网络、存储、安全等都是外延。从技术上讲，云计算就是计算虚拟化。最早的云计算来自网格计算，通过一堆性能较差的服务器完成一台超级计算机才能完成的计算任务，简单地说就是"多虚一"，但是现如今"一虚多"也被一些厂商采纳并且成为主流。单从技术角度来看，二者相差很大。

云计算技术是继分布式计算技术、网格计算技术、对等计算技术之后的一种新型计算技术，和大数据技术一样，目前云计算技术也没有一个公认的定义，不同的文献和资料对云计算技术的定义有不同的表述。一种比较通俗的理解是：云计算技术是一种并行的、分布式的技术，由虚拟化的计算资源构成，能够根据服务提供者和用户事先商定好的服务等级协议动态地提供服务。

（二）云计算技术的特点

1.按需自服务

用户可以在需要的时候自动地从网络上获取计算能力、存储空间。

2.泛在接入

计算和存储能力的获取适用于多种用户平台，如手机、笔记本式计算机等瘦客户端。

3.资源池化

云计算服务提供商将计算、存储和网络资源汇集到资源共享池中，通过多租户模式共享给多个消费者，再根据消费者的需求对不同的物理资源和虚拟资源进行动态分析。

4.快速伸缩

云计算服务提供商能够快速、弹性、自动地根据用户需求提供计算和存储服务。

5.业务可度量

云计算服务提供商能够监测和控制提供的计算和存储服务，并提供面向服务提供商和用户的资源使用报告。

6.超大规模

"云"具有相当大的规模,企业私有云一般拥有成百上千台服务器。谷歌的"云"已经拥有100多万台服务器,亚马逊、微软等的"云"均拥有几十万台服务器。

7.虚拟化

IT(information technology,信息技术)虚拟化平台是云平台的第一层次,作为IT系统演变为云平台的中间阶段,它实现了网络、服务器、存储的虚拟化。

8.弹性计算

在云计算体系中,管理员可以将服务器实时加入现有服务器群中,提高"云"处理能力,如果某计算节点出现故障,则通过相应策略抛弃该节点并将其任务交给别的节点,而在节点故障排除后又可实时加入现有集群中。

9.跨地域分布

用户可以在任何时间、任意地点使用任何设备登录云计算系统,之后就可以享受计算服务。云计算的云端是由成千上万台服务器,甚至更多的服务器组成的集群,具有无限空间、无限速度。

10.低成本

"云"的特殊容错措施使得"云"可以由极其廉价的节点构成,"云"的自动化集中式管理使大量企业无须负担日益高昂的数据中心管理成本,"云"的通用性使资源的利用率较之传统系统大幅提升,因此用户可以充分享受"云"的低成本优势。

11.统一性

云计算的统一整合转变了原来IT管理"一对多"的手工管理模式,实现了物理资源的池化;而云平台的统一引擎调度,既实现了管理入口的统一,又实现了管理模式的统一。

二、云计算技术在高校学生管理资源共享中的应用

云计算技术作为一种新型的信息技术手段，在高校学生管理中得到广泛应用。在高校学生管理资源共享方面，云计算技术为资源的存储、管理和共享提供了便利和支持。

云计算技术为高校提供了强大的存储能力。云计算技术可以通过云端存储的方式，使高校可以将各类教育资源，包括课程材料、学术论文、教学视频等，上传到云端，便于统一管理和共享。云计算技术具有弹性扩展的特点，可以根据实际需求调整存储容量，提高资源利用效率。

云计算技术为高校提供了灵活的资源共享方式。云计算的本质是对各种资源集中管理，通过网络进行共享。在高校学生管理资源共享中，云计算技术可以实现跨学科、跨院校的资源整合和共享。高校可以将自己拥有的优质学生管理资源分享给其他院校，同时也可以从云端获取其他院校的资源。这种模式不仅可以提高高校学生管理质量，还可以促进高校学生管理资源的优化配置和合理利用。

云计算技术为在线学习和远程教育提供了支持。基于云计算平台，高校可以搭建开放式的网络教学环境，实现在线学习和远程教育。学生通过云端平台，可以随时随地访问和学习，提高学习的灵活性和自主性。云计算技术强大的计算能力和较快的网络传输速度，也为远程教育提供了条件。学生可以通过云端教学平台，与远程教师进行实时互动，获得优质的资源和服务。

云计算技术可以通过数据分析和挖掘，提升高校学生管理资源共享的效果。在云计算平台上，高校可以对资源的使用情况和学生的学习效果进行全面的统计和分析。通过分析学生的学习行为和学习结果，高校可以了解学生的学习情况，进而优化资源的配置和共享方式。同时，通过对大数据的挖掘，高校可以发现学生管理资源的潜在价值和优势，为高校学生管理资源的共享和利用提供指导和支持。

三、云计算技术在高校学生管理环境构建中的应用

在高校学生管理中，云计算技术具有广泛的应用前景。尤其在高校学生管理环境创设方面，云计算技术的应用已经取得了显著成效。

云计算技术为高校学生管理提供了强大的数据存储和处理能力。在传统的教学环境中，高校需要购置大量的服务器和存储设备来支持教学活动，而且需要进行长时间的维护。而借助云计算技术，高校可以将教学资源、教学课件等数据存储在云端，通过云服务提供商提供的强大计算能力和存储空间进行管理，无论是学生还是教师，都可以随时随地访问和利用这些资源，大大提高教学效率。

云计算技术为高校学生管理环境的协同和共享提供了有效的支撑。在传统的教学环境中，教师之间的资源共享和协作往往受到时间和空间的限制，高校学生管理资源的利用率不高。而通过云计算技术，教师可以将自己创建的资源上传到云端，与其他教师进行共享，实现资源的共享和协同编辑。学生也可以在云平台上进行学习和交流，共享教学资料和笔记，提高学习效果和学习体验。

云计算技术为高校学生管理环境的个性化和智能化提供了可能。在传统的教学环境中，学生往往难以根据自身的兴趣和需求选择适合自己的资源。而通过云计算技术，教师可以根据学生的个性化需求，开发智能化的教学应用，为学生提供个性化的学习路径和学习资源。云平台上的大数据分析和挖掘技术有助于教师更好地对学生的学习行为和成绩进行分析。

云计算技术还为高校学生管理环境的创新提供了机会。通过云平台上的虚拟实验室和模拟环境，学生可以进行实践和实验，提高实践能力和创新思维。同时，基于云计算技术的在线考试和评估系统可以实现自动批阅和评分，提高评估效率和准确性。这些创新的教学工具，不仅能够激发学生的学习兴趣和积极性，还可以提高课程的针对性和实效性。

四、基于云平台的高校学生管理预警和疏导系统

云平台转向云计算是业界将要面临的一场重大变革,各类云平台的出现是该变革的关键性环节之一。云计算技术的基本思想是在云平台上对大量采用网络连接的计算资源进行统一分配、管理及计算,云平台主要提供基于"云"的服务,供开发者和用户使用。对于学生管理的预警和疏导工作,高校需要建立一个具有开放性、分布式、高覆盖率的云平台,在云平台的多个终端进行学生管理的预警和疏导数据的采集及提取,在高校学生管理中心实现管理预警和疏导,并对上传到终端管理中心的数据进行统一分析和处理。为了快速、便捷地实现高校学生管理危机预测和决策处理,高校需要对学生管理预警和疏导系统设计方法进行研究。

目前,基于 B/S(browser/server,浏览器/服务器)模式的高校学生管理预警和疏导系统设计方法已经得到应用。首先,B/S 模式对高校学生管理预警和疏导系统进行设计;其次,高校学生管理预警和疏导系统对预警和疏导对象、范围、数据进行统计分析和评估,发布危机预告,及时发现和识别高校学生管理的危机因素;最后,通过开发高校学生管理预警和疏导系统,实现高校学生管理数据的传递,达到对学生管理未来发展趋势的准确分析。

(一)基于云平台的高校学生管理预警和疏导系统的设计

在高校学生管理工作中,对于已经出现的一系列问题和突发状况,高校需要做到快发现、快控制、快处理,把影响和损失均降至最低;对高校学生管理过程中的各类安全教育隐患做到早发现、早预防、早处理,将问题扼杀在摇篮里。根据问题的严重程度,更多情况下高校不应该只停留在预警层面,更需要突出其教育意义,起到引领、疏导和引导作用。

为此,高校要在学院、班级中建立层级分明、结构健全的一系列预警和疏导机制,形成横到边、竖到底的开放式网络系统,在保证系统灵敏度的同

时，强化畅通性，避免出现阻滞现象。同时，预警和疏导系统可以与高校管理的教务处、考勤等管理系统相连接，促进整个高校教育、管理和服务工作的规范化。

基于云平台的高校学生管理预警和疏导系统不仅对存在的安全隐患和突发事件具有预警和监控功能，而且为高校的学风建设、学生出勤、考试成绩、身心健康等全方位的教育和管理工作提供了一个智能化的平台。

针对高校学生管理预警和疏导工作的"云服务"特点，高校需要建立学生管理预警和疏导工作的云平台，提供相应的"云处理"服务。

基于云平台的高校学生管理预警和疏导系统的硬件设计，依据预警的紧急程度，可以划分为红、橙、黄三个等级。当遭遇紧急情况时，高校学生管理紧急情况预警子系统允许学生和教师通过客户端向云平台发送预警信息，预警信息会被推送到云平台的相关人员的客户端。而且，当高校学生遭遇非常紧急的情况时，高校学生管理紧急情况预警子系统将通过"一键报警"功能将紧急情况以最短的时间推送至辅导员或相关领导的客户端。高校学生管理危机预警和分析子系统通过数据挖掘分析该系统收集的学生信息和外部有用信息，生成相应的预警信息，然后将这些预警信息推送给相关学生和教师。

（二）基于云平台的高校学生管理预警和疏导系统的结构

基于云平台的高校学生管理预警和疏导系统主要利用 SOA（service-oriented architecture，面向服务的架构）和万维网服务实现云平台与相连接的移动互联网各个终端的通信，并在应用期间对通信数据进行加密处理，以保证云平台的安全性。基于云平台的高校学生管理预警和疏导系统包括四层架构模式，分别为应用层、云资源层、认证授权层和云端层。

应用层是主要面向高校学生及教师等用户的服务提供层，用户通过浏览器或者移动终端应用软件与高校学生管理预警和疏导系统进行交互。应用层主要包含安卓管理端和用户端、IOS 管理端和用户端，以及 PC 管理端和 Pad

用户端，这部分应用部署在云资源层。云资源层是该系统的资源中心，主要通过云服务器部署学生管理预警应用，同时承担该系统的数据存储和管理任务。认证授权层为该系统的各类用户提供统一的认证机制。云端层主要针对高校学生管理，包含预警数据分析、预警数据挖掘和危机分析等功能，高校学生管理工作者主要通过这一层对高校学生和教师提供的预警数据进行预测分析，实现辅助管理和决策。

（三）基于云平台的高校学生管理预警和疏导系统的定位模块

高校学生管理预警和疏导系统的定位功能主要运用百度地图、全球定位系统、手机摄像头等实现。高校学生管理预警和疏导系统的定位模块主要由三部分构成：智能手机、高校学生管理预警和疏导系统服务器及百度地图服务器。当高校学生遭遇突发情况时，高校学生管理预警和疏导系统服务器启动定位功能，获取学生定位信息，手机客户端对学生信息及定位信息进行封装，并及时发送到高校学生管理预警和疏导系统服务器，服务器捕获到请求后，将高校学生管理预警信息通过广播或者其他形式发送给目标用户客户端，目标用户客户端获得预警信息后，对数据进行解析，并且在手机界面显示突发情况的定位信息，从而实现高校学生管理的全方位疏导。

定位模块是基于云平台的高校学生管理预警和疏导系统的核心模块，复杂程度较高，该模块需要解决的重要的问题之一是学生的定位问题。预警定位精确度对预警消息的及时发布和实现高校学生的全方位疏导具有重要意义，是衡量高校学生管理预警和疏导系统设计方法有效性的重要标准之一。

第六章 高校学生管理信息化及创新

第一节 信息化概述

一、信息化的概念

20世纪60年代，日本学者首先提出了信息化一词，但是信息化工程在美国首次启动，反映了人类社会形态从低级向高级发展的必然趋势。也就是说，人类社会从物质产品创造价值的社会进入信息创造价值的社会。

信息化的出现不是偶然的，它是全球经济和社会发展的大趋势。它是顺应经济和社会发展的内在规律，在社会经济、政治、科学取得巨大成绩的前提下产生的。从人类社会历史发展的内在规律来说，信息化是在科学技术生产力高度发展，尤其是电子信息技术引发的信息革命的条件下产生的，是人类寻求本身发展、化解社会矛盾的产物。因此，信息化是社会生产力发展到一定历史时期的必然结果，它是在工业化的基础上，由科学技术领域的革命引发的社会经济、政治，以及人类生活、工作方式的巨大变革过程，社会的变革又反过来促进信息化的进程，从而把人类带入信息社会。

1977年4月，我国第一次信息化工作会议正式提出了包括信息资源、信息网络、信息技术应用、信息技术和产业、信息化人才、信息化政策法规和标准六个要素的国家信息化体系的概念，并在此次信息化工作会议中分别对"信息化"和"国家信息化"进行了定义："信息化"是指培育、发展以智能化工具为代表的新的生产力并使之造福于社会的历史过程。"国家信息化"就是在国家的统一规划和组织下,在农业、工业、科学技术、国防及社会生活各个方面应用现代信息技术,深入开发、广泛利用信息资源,加速实现国家现代化进程。实现国家信息化就是要构筑和完善六个要素(开发利用信息资源、建设国家信息网络、推进信息技术应用、发展信息技术和产业、培育信息化人才、制定和完善信息化政策)的国家信息化的体系。

关于信息化的表述,中国学术界和政府内部做过较长时间的研讨。例如,有的认为,信息化就是计算机、通信和网络技术的现代化;有的认为,信息化就是从物质生产占主导地位的社会向信息产业占主导地位的社会转变的发展过程;还有的认为,信息化就是从工业社会向信息社会演进的过程。在诸多的概念界定中,有一些沿用了"国家信息化"的概念代替了"信息化"的概念。但一个特定领域的信息化的概念,与具有普遍意义的概念应该是有所区别的。也有研究者认为,信息化中的"化"是指在某一特定的历史转变阶段,人类的社会生活发生全面的、根本性的变革。"化"是变革与发展,它应该是一个过程性的转变。"信息"这一词应该包含两大方面的含义:信息技术及信息资源。基于此,信息化就是指通过对信息技术的广泛应用和信息资源的开发利用而达到的社会各个领域产生变革发展的一个过程。

信息化是指将以计算机为主的信息技术作为生产工具,依托强大的网络技术应用,将信息化生产工具转换为新的生产力,应用在社会经济的各个领域中,利用信息技术处理方法实现信息资源共享,从而带动社会经济的各个领域快速发展。信息化是一个不断累积的信息技术增长过程,随着人的信息化、企业的信息化、国家的信息化,国家现代化水平、企业的运行效率将极大地提升,人们的生活方式发生变化。

二、信息化的内容

信息化所包含的内容非常广泛,对于国家信息化而言,主要包括以下内容:

①信息设备装备化。即各级组织、机构、团体、单位主动地将越来越多的计算机设备、通信设备、网络设备等应用于作业系统,辅助作业顺利完成。

②信息技术利用化。例如,利用信息获取技术(传感技术、预测技术)、信息传输技术(光纤技术、红外技术、激光技术)、信息处理技术(计算机技术、控制技术、自动化技术)等,以改进作业流程,提高作业质量。

③信息内容数字化。一方面,将设计信息、生产信息、经营信息、管理信息等各类作业系统的信息生成和整理出来;另一方面,使上述各类信息数字化、规范化、标准化或知识化,以利于管理和应用。

④信息服务完善化。建立起完善的信息服务体系,如联机服务、咨询服务、系统集成等。通过信息服务使信息设备、信息技术、信息内容形成一个整体,并使其发挥出"整体大于部分之和"的功效。

⑤信息人才递增化。加强对各类信息人才的培养,使信息人才的比重日益增加。信息人才的培养渠道有两种:一方面是通过原有的信息工作人员能力的自我提升,使其快速掌握现代信息知识,如计算机操作、联机检索、上网查询等;另一方面是投入资金直接培训新手,同时给全体从业人员普及信息技术知识,使人们能逐渐适应信息社会的要求。

⑥信息投资倾斜化。在每年的财政预算或投资计划中,对信息化的投资给予倾斜,重点支持信息人才的培养、信息设备的装备、信息技术的利用、信息内容的开发和信息服务体系的完善,有目的、有计划地快速推进信息化建设。

⑦信息政策完备化。尽快制定各项信息化的规章、制度、条例,并日益使这些政策相互完善,不留漏洞,为各项信息化工作提供指导和规范。这样既可

以推动信息化建设的开展，又可确保信息安全，杜绝虚假、有害信息的传播。

信息设备装备化、信息技术利用化、信息内容数字化、信息服务完善化等四化，一方面由信息投资倾斜化、信息人才递增化所推动、所实现，另一方面通过自身的发展不断推动信息产业化。而信息政策完备化则为上述六化的实现提供良好的约束机制和外部环境。

三、信息化的层次

从整体上看，信息化可以分为五个主要层次，层次间具有一定的发展次序关系，但仍是一个有机的整体。因此，各个层次必须有序、协调地共同发展。

（一）产品信息化

产品信息化是信息化的基础，有两层含义：一是产品所含各类信息比重日益增大，物质比重日益降低，产品特征日益由物质产品的特征向信息产品的特征迈进；二是越来越多的产品中嵌入了智能化元器件，使产品具有越来越强的信息处理功能。

（二）企业信息化

企业信息化是国民经济信息化的基础，包括企业在产品的设计、开发、生产、管理、经营等多个环节中广泛利用信息技术，并大力培养信息人才，完善信息服务，加速建设企业信息系统等方面。

（三）产业信息化

产业信息化是指农业、工业、服务业等传统产业广泛利用信息技术，大力开发和利用信息资源，建立各种类型的数据库和网络，实现产业内各种资源、要素的优化与重组，从而实现产业的升级。

（四）国民经济信息化

国民经济信息化是指在经济大系统内实现统一的信息大流动，使金融、贸易、投资、计划、营销等组成一个信息大系统，使生产、流通、分配、消费等经济的四个环节通过信息进一步联成一个整体。国民经济信息化是世界各国急需实现的近期目标。

（五）社会生活信息化

社会生活信息化是指包括经济、科技、教育、军事、政务、日常生活等在内的整个社会体系采用先进的信息技术，建立各种信息网络，大力开发有关人们日常生活的信息内容，丰富人们的精神生活，拓展人们的活动时空。当社会生活极大程度地信息化以后，人们也就进入了信息社会。

第二节　高校学生管理信息化概述

一、高校学生管理信息化的概念

高校学生管理信息化就是在原有高校学生管理模式的基础上，以交互化的学生工作信息网络为支撑，通过全面开放的信息化应用服务体系，对高校学生管理工作的传统体系在应用模式和管理模式层面进行改造，以求形成更便捷高效的高校学生管理工作模式和实现对高校学生有效的教育及引导。高校学生管理信息化的具体内容主要包括以下两个方面：

（一）学生事务管理实现信息化

高校通过建立和使用功能完善的学生事务管理信息平台，实现数字化和流程网络化的学生事务管理模式。学生事务管理信息化的根本是要以信息技术对传统的学生事务管理工作流程进行优化改造，在运用基于信息化管理平台的高校学生管理工作运行机制的基础上，使用数字化形式对学生事务管理工作的信息加以整理、归纳、运用及共享。

（二）高校思想政治教育实现信息化

高校学生管理信息化能够实现思想政治教育的沟通交互化，提升教育的时效性。高校要积极利用先进的信息技术加强和创新思想政治教育模式。以信息技术与传统工作体系、工作方法相结合的思想政治教育信息化，不但拓展了思想政治教育工作的空间和渠道，还开辟了思想政治教育网络这一新阵地。思想政治教育工作利用网络加强师生交互，将深入细致的教育融于新技术所搭建的新载体中。

高校学生管理信息化主要由学生管理的各个信息化系统平台、信息化硬件、信息化制度和相关熟悉信息化操作的工作人员共同组成。高校学生管理信息化的核心是学生信息管理系统。在学生管理的整个信息处理过程中，学生档案信息处于中心位置。

二、高校学生管理信息化的构成要素

作为一个管理领域的信息化，高校学生信息化管理同样包括信息网络、信息资源、信息技术应用、信息化人才、信息化产业和信息化政策法规等六大要素。这六个要素是一个有机整体，构成了一个整个高校学生管理信息化体系。其中，信息网络是基础，信息资源是核心，信息技术应用是目的，信息化人才、信息化产业、信息化政策法规是高校实施学生管理信息化的保障。

（一）信息网络

信息网络是高校学生管理信息化建设的重要内容，也是实现高校学生管理信息化的物质基础和先决条件。目前，我国很多高校提出"数字化校园"建设构想，并付诸行动，校园网络建设得到快速发展，几乎所有的高校都拥有自己的校园网络，并与中国教育管理网无缝连接。高校的各级管理部门大多实现网上办公，并积极建设自己的管理网站。同时，高校为学生上网提供了各种各样的便利条件，加大了学生计算机中心、网络实验室的建设力度，加强了学生宿舍局域网的建设。这些基础设施的建设为高校学生管理信息化奠定了坚实的基础。

（二）信息资源

高校学生管理信息资源是应用于高校学生管理过程中的各种信息资源，它的有效开发和利用是高校学生管理信息化的核心，也是高校学生管理信息化成功的关键。

高校学生管理信息资源可分为以高校学生管理信息为核心的学生管理软件资源和以学生管理信息系统中的基础数据为核心的学生信息资源。其中，学生管理软件资源主要包括以多媒体素材为基础的多媒体信息资源和以学生管理信息资源的生成、处理、分析、决策、利用为基础的各种工具资源和互联网资源，学生信息资源指为实现现代学生管理而建立的以被管理者、管理内容、管理资源及其支持服务体系为主要内容的各类数据库资源等。

（三）信息技术应用

信息技术在高校学生管理中的应用是高校学生管理信息化建设的根本出发点和主要目的。有了信息网络和信息资源这些基础条件之后，信息技术的应用成为高校学生管理信息化建设的主角。可以说，高校学生管理信息化的效益主要体现在对信息技术的应用这一环节。在信息技术应用方面，高校应主要做好四件事：一是做好与思想理论、方法密切相关的建设，它决定信息技术在高校学生管理中应用的方向，直接关系着信息技术应用的质量和效果；二是建立与当地学生管理信息化环境、教育管理对象及教育管理内容相适应的信息化学生管理模式；三是必须提高管理者及受管理者应用信息技术的兴趣和基本技能；四是在不同层次上开展信息技术与高校学生管理整合的理念研究和实践，并将其作为高校信息技术管理应用的主要任务。

（四）信息化人才

高校学生管理信息化，人才要先行。为了实现高校学生管理信息化，高校需要培养大量掌握信息技术基本知识，具有先进的学生管理理念，以及具备信息技术应用能力的学生管理信息化人才。

高等教育行业某一领域的信息化管理人才有两种含义：一是通识型学生管理信息化人才，这是对在高校中从事各种学生教育、管理、服务的各类人员而言的，是对该领域全体工作人员信息技术知识、能力和素质的共同要求；二是专业型高等教育学生管理信息化人才，主要是指专门从事学生管理信息化技术和智能技术的研究与开发，进行高校学生管理信息化应用和维护的专业人才。

一般来说，对通识型学生管理信息化人才的要求是具备基本的获取、分析和加工信息的能力；对专业型高等教育学生管理信息化人才的要求更高，分工更细，可以是高级软件人才、网络工程师等。

（五）信息化产业

信息技术是指信息采集、加工、储存、交流、应用的手段和方法的体系。它的内涵包括两个方面，即手段和方法。手段即各种信息媒体，如印刷媒体、电子媒体、计算机网络等，是一种物化形态的技术；方法即运用各种信息媒体对各种信息进行采集、加工、储存、交流、应用的方法，是一种智能形态的技术。信息技术就是由信息媒体和信息媒体的应用方法两个要素组成的。信息技术的核心是信息的数字化、信息传播的网络化。

信息技术为高校学生管理信息化提供支持，是高校学生管理信息化的驱动力。在高校学生管理信息化过程中开展信息技术研究不仅可以丰富高校学生管理信息化的研究内容，更重要的是可以将新的、更加有效的物态技术和智能形态技术应用于学生管理信息化中，提高学生管理信息化的效果和水平。

信息技术产业主要指信息技术设备制造业和信息技术服务业。由于信息技术设备制造业的发展需要强大的技术和资金优势做后盾，因此在我国高校学生管理信息化进程中，信息技术产业的发展应由不同的社会部门分工协作来完成。其中，学生管理信息技术产品的制造业应动员学生管理部门、科研院所和相关企业等互补性较强的部门共同参与，以便将高校从学生管理信息技术产品的开发中解脱出来，集中精力和优势资源做好以学生管理信息资源的开发、利用为主的信息技术服务。

（六）信息化政策法规

高校学生管理信息化是一项系统工程。为确保高校学生管理信息化工作的顺利进行，高校及相关部门必须在学生管理信息资源开发、学生管理信息网络建设、学生管理信息技术应用、学生管理信息产业等各个方面制定一系列政策法规，以规范和协调各要素之间的关系，这既是高校学生管理信息化发展的重要条件和有力保障，也是开展高校学生管理信息化工作的依据。只有这样，才能使高校学生管理规范化、秩序化，推动高校学生管理信息化的发展。

三、高校学生管理信息化的特点

（一）先进性

信息技术的发展促使高校学生管理工作不断完善，因此高校应依靠信息技术改革学生管理模式，实现对学生的全方位管理。在科技迅猛发展的背景下，学生频繁地接触互联网，不可避免地会受到新思想的影响，加强学生管理信息化建设，符合时代发展需求，具有一定的先进性。

（二）实时性

高校学生管理工作者能够借助信息化系统整合与分析零碎的学生数据，实现对学生基本信息的实时把控，从而提高学生管理工作的时效性。

（三）空间性

信息化平台的建立使学生和教师能够在不同空间内查询自己所需的各种信息，摆脱了空间的束缚，使高校学生管理工作更加方便、高效。

（四）多样性

在高校学生管理信息化背景下，教师可根据学生的兴趣和爱好，制定个性化、合理化、科学化的教育方案，促进学生的全面发展。此外，教师可以借助信息化技术综合分析学生课堂参与、课业完成等方面的数据，为学生提出行之有效的学习建议。学生在遇到难以解决的问题时，可以通过电子邮件、微信视频等方式与教师进行沟通。

（五）高效性

在高校学生管理工作中应用信息化平台，管理人员可以同时处理多个请求，这样不仅缩短了流程，还提高了效率。

四、高校学生管理信息化的作用

（一）有助于管理效率的提高

高校学生管理工作的信息化服务建设，有助于管理效率的进一步提高。开展学生管理信息化的服务建设工作，可使固有的教育、管理形式得到科学合理的改革与优化，使高校的日常学生管理工作不再只依靠"跑腿""手写"等较为原始的方式落实，而是采用以信息技术为依托的管理方式，打破时间、空间对管理工作的限制，促使高校的学生管理工作的效率获得极大提高。例如，建立相应的学科成绩管理、选课管理、后勤服务等工作的信息程序，这样能够进一步提高高校行政部门、辅导员及专业教师的整体工作效率。通过对学生管理服务的信息化建设，高校学生管理工作者能够对现有的管理模式进行改进与创新，从而促进高校学生管理工作的高效化、智能化发展。

（二）有助于服务准确性的提高

信息化时代具备信息多的特点。在实际操作过程中，高校的信息管理相关部门要立足于学生的现实情况，进行数据收集，并构建解析模型，让数据解析的结果不受或少受外部因素的干扰，从而让数据解析更加科学。这样可以提升高校学生管理工作的效率与效果，使系统对数据的分类与剖析能力大幅度提高，最终使适用于高校学生管理的框架构建起来。

（三）有助于使管理过程更为规范

过去，高校学生管理板块采用的是传统的数据统计与分析，失误率极高。究其原因就是采用了落后的人力生硬操作，如果操作者是一个粗心且责任心不强的人，造成的偏差会更大。但引入信息化思维之后，对高校学生的信息化管理变得异常轻松，数据采集板块趋于规范与严谨、数据解析更客观，这确保了管理过程的规范性。

（四）有助于管理决策更具科学性

在传统数据管理框架下，数据在准确性、连贯性及整体性三方面都是不足的，进而导致数据解析不精准、决策缺乏全面而客观的依据。高校学生管理信息化使高校能够借助数据解析结果来进行决策，这将一举打破高校学生管理依赖管理层的个人意愿进行决策的局面。学生的信息管理完全以学生面临的现实状况为基础，依据真实的数据得出结论，这样由数据得出的结论更具有准确性、科学性。

（五）有助于各部门间的信息传递

高校学生管理信息化有利于高校对各项信息、数据进行有效的整合，并在各个部门间实现对信息资源的共享。当前信息化管理已逐步成为高校教学、科研与办公的重要方式之一。虽然高校现阶段已拥有多种信息化的管理系统，如教务管理系统、学籍管理系统、教学信息系统，以及图书管理系统等，但高校在进行信息化建设时，各个管理系统间却相互独立，这导致校内各部门的信息、数据无法进行及时的传递与共享，特别是当一个院校存在多个校区时，不仅要考虑由区域限制造成的信息传输障碍，还应对网络不稳定等问题进行有效解决。高校学生管理信息化服务的构建能对各部门间的信息数据进行有效的整合，并以此为基础构建一个更加完善的高校学生管理信息平台，从而实现高校各部门间的信息协调传递，使整体信息系统更为完善。

第三节　高校学生管理信息化建设

一、高校学生管理信息化建设成效

（一）高校数字校园建设水平整体提升

截至 2020 年，中国 1 000 多所高校依托专业教学资源库进行课堂教学，促进了教学模式的改变；运用云计算、物联网技术追踪教与学行为，通过大数据深度挖掘，分析学生的学习动态，精准地评价教师的教学行为。

（二）高校校园管理系统服务效能提升

高校将信息技术与学生管理工作深度融合，集成校内教学、人事、科研、学生、财务等系统，实现统一门户、统一身份认证、统一数据平台、统一表单和统一流程，有效解决信息孤岛、数据传递不通畅等问题，从而提升自身管理工作效能。

（三）高校学生管理组织结构得到优化

信息化的高校学生管理工作强调流程化的管控，通过信息化软硬件与技术对整个高校的各项工作内容进行监督和管理。信息化使高校学生管理产生了彼此牵连的复杂性数据化网络系统，转变了之前的信息交互模式，改变了相应的组织结构。

在高校内部，学生管理信息化发展等层面产生干扰，以往的精细化分工管控机构已然无法满足当下时代发展所需，有着承前启后意义的中层组织的价值被进一步抵消，这势必会导致作业流程被再次刷新，因此对管理组织结构进行重组与优化，能够为现代高校的办学及发展搭建系统、规范的工作机制和与其相匹配的管控机构，提升各个高校在学生管理方面的品质与效率。

（四）高校学生管理更加规范化和制度化

在传统的学生管理中，高校为了制定各种管理制度，会投入大量的时间、资金，具有代表性的有教师人事岗位管理制度、教学管理制度、教师教学考核制度、教师职称评定制度、财务管理制度、设备管理制度、教学质量管理制度等。然而，这些制度的执行主要靠高校管理者的自觉遵守和职能部门的监督，这导致管理工作不能按照或者不能全部按照制度来执行，管理制度成了空谈。

高校学生管理信息化建设通过把信息资源归档、加密，将高校管理规章内的各个要务详细处理机制的诉求，以及程序性的决议录入管控数据系统，对管理群体开展强制性的落实，有效规避潜在的人为影响，推动现代高校学生管理工作更为科学地发展。

（五）高校学生管理工作效率大大提高

高校以往的人工处理模式、纸质文件交互形式需要投入大量的人力，且实际效率不高。学生管理信息系统与数据库的建立，大大提升了各组织之间的信息交互性，使搜索查询、交流沟通更方便，工作配合更为流畅。通过信息技术，高校各部门管理人员及教师可以在任何时间及地点就目标数据完成检索与分析，对数据库里的信息资源进行充分利用，这使各个部门的管控人员可以清晰地了解自己的权利与义务，并及时公开任务，快速收集任务完成情况及任务反馈，对全部数据与报告进行分析，总结并提出明智的决策，从而大大加快工作的发布与完成速度，有效提升管控质量与效率。另外，高校学生管理信息化建设进一步缩短了数据交互及问题应对的整个周期，减少了文件的积压和资金的占用等，从多个方面降低了时间成本和经费，提高了高校的办学效益。

（六）高校学生管理工作质量更有保障

一方面，高校学生管理信息化建设优化了高校的管理组织结构和工作流程，加大了执行工作的力度，提高了工作质量，并提出了信息公开方面的要求，这促使各个机构将职位的工作职责、具体内容、资金使用状况、考核成绩都公之于众，一旦任一环节出现问题，就可立刻追究具体责任，促使各成员自觉地提升工作品质。

另一方面，高校学生管理信息化建设有助于更好地监控教育教学管理过程，对高校内外情况进行充分的了解和正确的判断，及时调整管理策略，做出正确的管理决策。高校学生管理信息化建设保存了全面系统的信息，促使管理者能从不同层次、不同角度进行全面的查询，通过应用软件快速地分析和解释现象，基于信息计划及决策系统等的辅助，确保相关决策活动更加科学。

高校学生管理信息化建设的快速发展，对形成高效、完备的学生管理模式和体系有促进作用。目前，高校摒弃传统的学生管理模式，大力实行现代化、数据化管控，使以往工作形式中存在的滞后、效率不高等问题均得到了有效规避，使高校管理工作更快速、便捷，从而形成了科学、有效的高校学生管理信息化系统。

二、高校学生管理信息化建设中存在的问题

（一）信息共享性不充分

一些高校缺乏对信息建设的合理规划，造成各部门出现重复建设、无法实现信息共享的现象。各部门的数据不能够及时地反馈，导致经常出现信息处理混乱的现象。例如，不同部门不能很好地沟通，导致信息不能够共享。此外，数据重复填报让学生管理工作很难顺利开展，使数据信息得不到及时

处理，时效性大大降低。

因为高校学生管理工作的范围宽，要管理的内容多，所以高校设立的相关管理部门也比较多，高校根据工作性质的不同，划分相应的部门来承担相应的工作并储存相应的学生信息。例如，学生的党团信息储存在学校的党委组织部门，由团委、学工部主管，各院系党总支、学生科、团总支协管。各部门储存的学生信息一般仅在部门内部共享，其他部门需要时必须向本部门负责人提出申请，得到允许后，所需信息才能被申请部门使用，整个过程浪费了很多人力和物力，效率非常低下。虽然一些高校已经认识到信息化对学生管理工作的重要性，尝试在学籍管理、奖助学金管理等一些学生管理工作中实现信息化，但由于各个工作子系统的开发者不同，使用的开发语言也有所不同，各类子系统工作相对独立，致使各子系统间传输信息时环路密闭性差，出现误差的概率增大，加上各系统的数据格式不具有兼容性，使得各系统间协同工作效率非常低，信息的共享性变弱。

（二）学生管理的信息化水平低下

这主要体现在以下几个方面：一方面，部分高校在利用现代信息化技术来搭建信息化学生管理平台时，很多环节的管理工作缺乏相应的管理制度，从而致使其内部的一些管理环节存在缺陷和漏洞。另一方面，部分高校在建设相应的信息化管理平台时，并没有结合学校自身的实际发展情况，从而致使其内部的信息化管理平台和学校的发展不符合。

（三）高校信息化建设发展不平衡

纵观全局，高校学生管理信息化建设是一个漫长的过程，前期投入大，后期见效慢，容易受到内外部因素的影响，难免会产生发展不平衡的问题。

首先，近年来，高校内部建设十分注重对信息化基础设施的投入，经过多年的建设，信息化基础设施已经初具规模。高校的信息化水平虽上了一个新台阶，但仍然存在一些问题。例如，部分院校重平台系统建设，轻数据挖掘与应用分析，缺乏对教师的激励机制；网络课程建设力度还不够，线上课程数据增长缓慢；专业信息技术人员不足，校园网络安全保障能力偏弱。此外，在开展线上课程的院校中，一些高校教学平台与教学手段相对单一，教师信息化教学能力相对欠缺。

其次，在经济与科技快速发展的今天，大部分高校为了适应信息技术和多媒体技术的发展趋势，在学生管理中逐渐加强对信息化技术的实际运用。但是需注意的是，一些经济欠发达地区的高校，因经济困难、交通落后等客观条件而使信息化基础设施建设受到限制，学生管理的信息化建设更无从谈起，无论是硬件还是软件，都达不到信息化建设的基本要求。

最后，高校的管理层对学生管理信息化建设的重视态度和执行力度也导致了发展的不平衡。有些管理者的观念陈旧，一贯采用传统管理模式，轻视信息技术和多媒体技术这类新事物的发展，这必然会对学生管理信息化建设产生不利影响，进而影响信息化资源的使用，影响高校自身的竞争力。

（四）信息化建设的管理机制不够完善

在信息化技术日益发展的环境下，高校教学管理更为便捷，但也正是在这样的大环境下，高校学生管理信息化建设受到了一定的制约。高校各部门的管理是块状的信息化工作，没有形成整体性。图书馆管理、会计管控、固定资产管理、教务支持，以及学生资料的管理、后勤管理、人员管理、安全管理等都是独立的分支，在此背景下想要实现资源与数据的共享是不可能的。此外，高校对信息化资源的分配也不均衡，这导致校园内部大量的管理组织之间难以形成系统化的资源链体系，信息化管控更难以形成整体。单一的管理主体、粗暴的管理方式、不完整的教学数据、不科学的教学管理机制等问题使得高校学生管理不可能面面俱到。因此，高校需要引入更为前沿的理念、策略、规章体制等，保障高校学生管理信息化建设朝着更为全面与规范的方向发展。

（五）缺乏先进的信息交换系统

信息化是高等院校学生管理工作的发展趋势，一些高校已经在尝试进行信息化。然而不容乐观的是，许多高校的学生管理工作系统陈旧，整合信息的能力差，不能紧跟信息技术发展的步伐，信息数据的传输主要还是以电子邮件等第三方完成，传输效率不高。随着高校学生人数的不断上升，学生管理部门相应增加，部门间受各种因素的影响壁垒颇多，造成数据申请过程复杂。高校辅导员等学生管理工作的基层人员担起了数据传输的媒介，然而学生管理工作数据较为庞大、烦琐，无疑给数据的传输带来了困难，致使一些非常重要的数据错过了处理的最佳时机，既增加了高校学生管理工作者的工作量，也使数据信息传输的有效性降低。

三、高校学生管理信息化的重构

（一）高校学生管理信息化重构的原则

1. 顶层设计原则

做好高校学生管理信息化重构工作需要在人力、物力和财力方面下大功夫。为了提高产出比，遵循顶层设计原则甚为重要。高校要在顶层设计原则的指导下保证管理信息的综合性、系统性、整合性，在高校学生管理工作信息化的规划、投入、建设及管理上采取统一标准设计出学生综合管理系统，逐步实现以学生需求特点为出发点的学生各项事务流程的信息化，从而开发出系统化程度较高的高校学生管理工作信息化系统。

2. 循序渐进原则

高校学生管理工作作为高校工作的重要组成部分，其信息化建设不是一朝一夕能够完成的，而是贯穿高校管理的整个过程且在动态变化。实现高校学生管理工作信息化重构需要精湛的信息技术，系统、全面的相关理论与实践知识及先进的管理理念等。在实施高校学生管理信息化重构的过程中，高校不能急于求成，必须循序渐进，既要考虑科学性、广泛性、系统性，又要注重开放性和长远性，达到逐步实施、稳步推进的建设目标。

3.信息安全原则

高校大学生的大量个人原始信息几乎全在学生管理工作系统中以各种形式存在。这些信息对学生本人来说非常重要，在某种程度上属于机密信息，一般情况下是绝不能外泄的，一旦外泄将会给学生带来意想不到的麻烦，甚至影响学生的人身安全。因此，高校学生管理信息化重构必须采取相应的保密措施，如使用先进的信息技术、制定严密周全的安全保障制度及实施严格的监督和管理手段等，保证学生信息的安全，确保学校和师生的利益受到良好的保护。

4.信息交流畅通共享原则

高校学生管理工作中各部门之间的信息交流不通畅、信息闭塞现象时有发生。高校学生管理信息化重构只有遵循信息交流通畅共享原则，才能满足学生日常学习、生活所需，促进学生全面发展。高校可以通过建立综合性数据服务中心，方便从事学生管理工作的部门间相互交流，实现信息资源共享，提升管理水平。

5.开放包容原则

随着信息技术的快速发展，开放性和包容性是信息社会中高校学生管理信息化重构必须考虑的因素。一个能够在众多网络交互协议基础上具有很好的兼容性和扩展性的信息化系统，才能达到对信息的实时传输和及时更新。

（二）高校学生管理信息化重构的趋势

1.数据驱动

在高校学生管理信息化重构过程中，数据驱动的高校学生管理将更强调整合各类数据源，包括学术表现、社交活动、健康状况等多维度信息，通过大数据技术实现对学生的全方位分析和预测。基于这些数据，高校可以更准确地了解学生的需求、兴趣和行为习惯，为其量身定制个性化的学习计划和辅导方案，提供精准的服务和指导。同时，数据驱动的高校学生管理还能帮助高校及时发现学生潜在问题并采取有效措施，促进学生全面成长和发展。通过数据驱动的管理模式，高校能够实现对学生的精细化管理，为其提供更加贴心、有效的支持和指导。

2.科技赋能

在高校学生管理信息化重构过程中，科技赋能的高校学生管理将充分利用人工智能、智能设备等前沿科技手段，实现信息化管理和智能化服务。通过人工智能技术，高校可以建立智能化的学生管理系统，实现对学生数据的自动化采集、分析和应用，为学生提供个性化的学习指导和生活支持。智能设备，如智能手机、智能穿戴设备等，也将成为高校学生管理的重要工具，帮助高校更好地监测学生的学习状态和健康状况，提升管理效率和服务质量。借助科技赋能，高校学生管理将更加智能化、便捷化，为学生提供更多元化、个性化的服务和支持，促进他们全面发展和成长。

3.跨界合作

在高校学生管理信息化重构过程中，高校学生管理将更加注重与各领域的机构和企业展开跨界合作，共同致力于为学生提供更多元化的发展机会和资源。通过与行业企业的合作，高校可以更好地了解市场需求和就业趋势，为学生提供实习、就业机会及专业培训。同时，与科研机构的合作也能促进学术研究成果的转化，为学生提供更多创新项目和实践机会。跨界合作还包括与社会组织、文化机构等的合作，为学生提供更广泛的社会实践和志愿服务平台,培养学生的社会责任感和团队合作能力。高校学生管理的跨界合作将为学生打开更多发展之门,丰富其学习体验,拓展职业发展路径,促进个人全面发展。

4. 服务全面化

在高校学生管理信息化重构过程中,高校学生管理将从传统的学习管理、生活管理向更全面的个人发展管理转变,注重培养学生的综合素质和能力,提供全方位的支持和指导。除了关注学术表现和生活品质,高校将致力于培养学生的领导力、创新能力、团队合作能力等软实力,通过课程设置、实践项目、导师辅导等方式全面促进学生的个人成长。高校将为学生提供个性化的发展规划和辅导服务,关注其心理健康、职业规划等方面的需求,引导他们积极参与社会实践和志愿服务,拓宽视野、增强社会责任感。高校学生管理的全面化服务将使学生获得更丰富多彩的学习经验,助力其全面发展和未来职业成功。

5. 强调个性化

在高校学生管理信息化重构过程中,高校学生管理将更加注重个性化服务,针对不同学生的特点和需求制定个性化的管理方案,帮助每位学生实现自身潜能的最大化。通过学生信息化系统和数据分析技术,高校将深入了解每位学生的学习风格、兴趣爱好、潜在优势等个性特征,为其量身定制学习计划、职业规划和心理辅导方案。高校将建立多元化的支持体系,包括个性化导师制度、心理健康服务、职业发展指导等,为学生提供精准、贴心的关怀和支持。同时,高校还将鼓励学生参与个性化项目和实践活动,拓宽视野、培养领导力,引导他们发挥自身优势,实现个人价值和成就目标。高校学生管理的个性化服务将激发每位学生的潜能,促进其全面成长和发展。

（三）高校学生管理信息化重构的策略

1. 革新信息化管理方法

在硬件与软件设备以及管理人员定期考核都强化的条件下，高校学生管理信息化的重构还要有科学的管理方法与之配套，从而实现效率与效果的双提升。此外，要做好学生管理信息化的工作，高校必须在信息化思维的框架下，革新传统的管理方法，让科学数据服务于学生、方便师生的生活，从而实现高校学生管理信息化的重构。

2. 树立信息化平台建设理念

高校学生管理信息化的重构要求每位师生都参与进来。高校各部门应该根据日常实践中遇到的现实困境，让师生共同参与讨论并给出合理建议，通力合作完成高校学生管理信息化的重构工作。信息化资源必须实现共享，各部门间要相互配合，使信息化管理效益得以扩大。高校应确立信息化建设专项负责人，不仅负责日常的高校学生信息化管理方面的工作，还要善于协调，同时实时关注信息化重构的未来趋势，做好学生管理的"后台操作人"。

3. 加强信息化人才队伍建设

在教育部门的支持下，高校可以利用校内外信息网与资源库展开信息技术应用培训基地建设，借助示范项目的带动作用，进行信息化技术、互联网应用的能力培训，培养与信息化息息相关的教育管理人员，以保证对学生管理信息化重构进程的平稳推进发挥重要作用。

首先，高校可以让能够对学生管理信息化重构作出贡献的人组成小队，以保证学生管理信息化重构得以顺利进行；其次，高校可进行一定的申报培训，将学科信息化教学视为整个教学信息化建设的核心，进而推动针对教师的信息技术应用相关培训活动的开展。最后，高校可通过构建教学研修、培训系统，建设线上学习社区，借助信息化手段，对技术服务人员、管理人员进行培训，从而满足学生管理信息化重构保障体系建设的需求。

第六章　高校学生管理信息化及创新

4.建立信息化的高校学生管理系统

高校可在校园网络平台上结合学生的专业特色和发展特点，建立完善的教务管理系统。构建数据库是高校学生管理信息化重构的前提，高校学生管理工作者应重点考虑数据库的分类问题，根据主体不同将系统设置为教学内容、教师管理、学生管理等模块，将学生在学校的学习和生活情况如实地记录在学生管理系统中，使每个学生都有自己的电子档案，便于教师客观地了解学生的整体情况，从而科学地制订管理计划。

5.建立完善的高校信息化管理机制

高校为提高学生管理信息化重构的质量，需以校内的实际情况为基础，并对各方面因素进行详细、全面的分析，同时制定完善的高校信息化管理规范，借此对辅导员、相关工作人员及学生的行为进行有效规范。

为保证高校学生管理信息化重构的顺利开展，高校学生管理工作人员应组建高素质的系统开发与维护团队，并保证信息化管理建设拥有充足的经费。此外，为使高校学生管理信息化重构后能充分发挥其功能，高校应对学生管理的信息化规范制度进行有效的完善。做好高校学生的日常管理工作不仅需要对相关信息进行及时的传递，还需要对一些突发性的状况进行及时、有效的应对。因此，完善的信息管理制度还有助于掌握学生的实际状况，为高校学生管理工作人员的管理工作提供极大的便利。

6.提高高校学生管理工作人员与学生的信息素养

为了有效推进高校学生管理信息化的重构，高校必须对学生管理工作人员的学生管理理念进行更新，使其真正认识到信息化服务的价值与作用，从而为整体的信息化建设提供长远、科学及切实可行的设计、规划方案。

首先，高校必须通过不同的途径强化学生管理工作人员的信息化意识，从而进一步提升高校对信息化管理工作的重视程度，推动学生管理信息化重构工作的深入。例如，高校学生管理工作人员应对学生管理工作中涉及的学籍管理、教学管理、思想政治建设管理及就业管理等工作的信息进行必要的整合，并从高校信息管理的全局化角度出发，对管理信息化的服务建设进行合理的统筹，防止出现功能重复、无法兼容及资源浪费等问题。其次，高校学生管理工作人员应通过对学生管理信息化重构工作的全面调查，对学生综合测评管理系统进行必要的优化设计，从而使其管理与评价功能得到优化。高校应面向学校的各层面，定期开展相关的信息知识、技能培训，借此使学校整体的信息化水平得到提升。例如，制定完善的信息化建设服务培养制度，并定期对信息化内容、知识进行普及，进而实现高校学生管理信息化建设的全面覆盖；同时，对学生进行信息化管理的培训，对其相关操作行为进行有效规范，借此使信息建设服务的稳定性、有效性得到维护。最后，高校应积极引进信息管理专业人才，借此加强专业团队建设。

随着高校学生人数的不断增加，以及学生管理方式的变化，高校学生管理信息化重构工作也需及时地调整与改进，以便更好地满足学生管理工作的实际需求。

7.教育管理与信息化建设协同形成合力

高校的发展壮大必须与时俱进。每一所高校的管理信息化重构过程都与全国高校教育信息化的整体发展有着密切的关系。高校应该本着协同合作的原则，与其他高校、信息技术提供方，甚至与全社会一起共同建设，实现优势互补，从而促进全国高校学生管理信息化的重构。

（1）高校学生管理与信息化重构协同发展

高校学生管理信息化是一个整体。协同论强调，世界中不同系统的属性存在着一定的差异，这就意味着各系统之间都会存在或多或少的影响和联系，如果整个系统内部的每一个子系统都能够井井有条地产生有规则的合作，那么系统的整体功能就能够被最大限度地发挥。但是，当子系统处于混乱的结构状态下，系统的整体功能会遭受到非常严重的破坏。

高校学生管理包括很多不可或缺的组成部分，如安全保障、师资队伍、基础设施、质量监控、管理机构、保障机制等，每一个组成部分的运作都对高校学生管理信息化重构产生影响。反之，高校学生管理信息化重构也对每一个组成部分科学的、可持续性的发展起着至关重要的作用。对此，一定要将高校学生管理各组成要素进行全面的整合，并进行合理的优化，使高校学生管理系统的功能得到最大化的发挥。

（2）高校与信息技术提供方协同合作

信息技术走入高校是大势所趋，势不可当。高校可以与社会上的一些互联网企业联手搭建学生管理数字化信息平台，以推动高校学生管理信息化重构。因此，在高校学生管理信息化重构的过程中，在软硬件平台构建时，高校同样需要与信息技术提供方、互联网企业之间建立好相互沟通机制，为学生管理信息化、人才培养奠定坚实基础。信息技术提供方按照高校学生管理信息化重构规划，与高校配合构建科学化的信息中心，集教育资源、网络管理、培训过程、教育信息、远程教育等不同资源于一体，使其功能得到良好的发挥。

高校要与信息技术提供方协同合作，在把握学生管理信息化的方向的基础上，制定符合信息化特点的操作标准和应用规范，把信息技术加入教学应用中，更好地为师生服务，为学校教育提供现代化的线上与线下教学相结合的模式，实现教学方法改革，实现高校学生管理信息化的重构。

（3）不同类别高校间的协同发展

高校在地域、性质、专业设置、人才培养目标等方面各有不同，因此各高校学生管理信息化重构的情况也不一样。由于不同类别的高校有着不同的办学特点，其优势也不尽相同，因此在进行学生管理信息化重构时，不同高校应该根据自身特点进行着重考量。

高校通过协同建设，共享信息资源与建设成果，约定合作及交流的时间，以此更好地实现不同高校学生管理信息化重构的协调及系统化的运作和发展。不同高校在设置专业时会有雷同，因此高校可以选择一部分拥有名师和专家的专业，着重构建具有相对特色的、精品的、具有推广性的信息化资源，并使信息化资源通过学生管理软件平台开放共享。这样不但能够减少高校资源重复建设的现象,而且能够避免浪费,起到节省人力、物力的作用。

第四节 高校学生管理信息化的创新

一、工作思路创新

国家高度关注高校学生的教育、管理工作。从当前新课程改革的发展趋势来看,高校辅导员的管理工作面临越来越多的困难和障碍。高校辅导员在实际进行学生管理工作时需要考虑各个方面,包括学生宿舍卫生、心理健康、日常学习等,面对基础、细碎的工作,辅导员的工作思路直接关系着学生管理工作的效率,也直接关系着高校各项工作的开展,因此,高校辅导员要做到合理规划、细心筹备,达到提高管理效能的目标。

在当前的数字教育时代背景下,高校辅导员要想实现创新管理,应积极借鉴当前各种学生管理新方法,精准提炼出适合我国当前大学生的工作方案,进行创新整合,将实践与理论有机融合,为学生营造更好的生活和学习氛围;应转变现有管理意识和管理理念,以学生发展为基点,给予学生足够的尊重,严格遵循"以学生为本"的理念,本着为学生服务的工作基本原则,立足当前思想政治教育工作需要,不断为社会发展提供人才。

二、组织结构创新

（一）建立高效的学生管理信息化组织结构

在进行高校学生管理信息化创新过程中，高校可成立信息化工作领导小组或者委员会，设置信息主管（chief information officer, CIO）职位，具体负责校园信息化建设。在具体实施中，CIO 负责制定高校信息政策、标准并对全校信息资源进行管理，协调校内各个职能部门和行政管理人员，从管理的层面有意识地选择和使用信息技术，通过对筛选后的信息资源进行进一步筛选和挖掘，实现对数据的有效利用。CIO 的信息化组织体制，在促进高校学生管理体制的变革、专业结构的调整与重组，提升高校的管理决策水平层面发挥着积极的作用。此外，高校在调整信息化组织结构的同时，还要对信息化领导小组的组织体制进一步完善。信息化领导小组作为全校信息化建设的授权委托机构，有着管理和规划各职能部门的行政管理人员及各院系师生的作用，信息化办公室作为信息化领导小组的实际职能部门同样既是信息化校园的用户和服务对象，也是信息化校园的服务提供者，并代表各自所属实体维持整个校园信息系统的运作。

（二）优化学生管理体制

1.目前高校学生管理工作组织的主要结构

（1）直线型层级结构

目前，我国众多高校的学生工作组织结构主要是校与院（系）两级管理和条块结合直线型层级结构。直线型层级结构依靠迅速决策、灵活的指挥，让决策层能够快速控制相关的职能部门和院（系），进而整合校内各种资源，推进高校全局工作的开展。这些优势让直线型层级结构广泛应用于高校学生管理中，但是其管理过程中多层领导条状分割、职能内容交叉重叠、沟通协调困难等问题也是显而易见的。例如，高校学生军训工作有保卫处、资产管理处、学生处、院系等多个部门参与，需要很大的横向协调性，如果高校在工作开展中不能进行专业化的指导，那么很容易造成整个军训工作陷入两难境地。同样，直线型层级结构组织跨度很大，致使院（系）的党政一把手很难完全控制所有的学生工作。与教学、科研的重要性相比，学生管理工作往往游离于高校的中心工作之外；另一方面，目前高校学生工作的信息传递往往需经过学校党委、行政、学工部、团委、院（系）、辅导员、班级干部等，高校如果使用直线型层级结构就很容易因为层级多致使信息不畅，甚至容易导致信息传递障碍和信息失真。学生工作部门在党委的领导下负责辅导员等学生工作人员的教育、考核、评价，但辅导员的用人权限却在院（系）。这一状况很容易导致学生工作部门只能管事不能管人，而院系管人多于管事的人事分离现象。

（2）横向职能型结构

以一级管理体制和条状运行机制为特点的横向职能型结构，目前仅在国内的少数高校采用。这种结构模式只在学校一级层面进行学生管理工作机构的设置和权限分配，再根据分工由各个职能科室直接面向学生和学院社团组织开展工作，学生管理工作由学校直接面对学生开展和多头并进条状运行是其最大特点。同样，其所具备的管理扁平化、分工明确、组织跨度大等特点使工作职能直接延伸到学生之中，横向协调也更加容易，指挥也更加灵活机动，决策者对管理的潜在影响增强。但是，在这种组织结构下，高校学生工作人员工作的强度增加，心理压力增大。在工作负荷增大的情况下，学生管理工作人员的工作效率会降低，而如果继续在院（系）一级保留辅导员制度，依然会使辅导员因为隶属关系不明确而产生工作职责不清晰的问题。

2.实施网上业务协同矩阵管理结构

（1）搭建高校学生管理信息化平台

高校应统筹学生处、教务处、就业指导中心、图书馆、校园卡管理中心、财务处和宿舍管理中心、心理咨询中心等与学生学习和生活密切联系的部门，合理规划平台的功能模块，并以统一的学生基本信息数据为基础建成学生电子档案库，搭建高校学生管理信息化平台，将学生在校期间的学习、生活、获奖、获资助、违纪处分等各种基本信息包含在内。这样在实现功能发挥的同时，能综合反映学生在校期间的表现，体现学生在学习、奖惩和获得资助方面的真实情况，最终实现对学生综合素质的客观评价。统一的学生基本信息数据是实现平台数据统计的关键。因此，高校要确保学生电子档案库中学生基本信息的统一。基本信息既包括学生的姓名、性别、出生年月、生源地、学习经历等一些固定不变的内容，也包括在校期间的家庭基本情况和家庭成员信息等可能发生变化的信息，还应包括学生奖学金、助学金的获得情况和实习、培训等需提交后由院系、学生处审核通过的信息。数据可根据高校的特殊情况，由学生在特定时间修改，由相关部门进行审核。另外，该平台要通过其他设置附加一些功能以达到全面记录学生情况的要求，如一卡通消费情况、图书借阅情况和宿舍进出情况等，以便于进行调查统计分析。

此外，该平台的数据来源应直接、客观，适合用于调查统计分析。对相关数据进行统计分析，有利于对学生在校期间的学习和生活等情况进行综合客观的评价。例如，将从校园卡管理中心调取的学生消费信息与从学生资助管理中心调取的贫困学生统计信息进行对比，可以帮助学校对贫困学生的情况进行核实与监督，对补助发放进行相应调整；将从图书馆调取的学生的借阅记录、进出记录与从教务处调取的学生成绩进行相关对比，对促进学生加强课外阅读和学术研究做出有效分析；对学生的就业信息进行统计，与学生在校期间的情况进行对比分析，有利于为提高学生综合素质和就业能力提出相对客观的建议。同时，高校学生管理工作人员可以通过对部门之间相关数据进行交叉对比，了解自身在教学管理、其他学生事务管理过程中存在的问题，进而对学生管理提出具有建设性的意见。如果平台的规划不合理，那么信息化平台的运行将会十分混乱，信息化管理也无从谈起，推动高校学生管理信息化的创新更是奢谈。

（2）关注平台的权限分配

权限分配可以采取给予角色分配权限的模式，高校要根据职务和工作内容给不同部门的工作人员分配不同级别、不同内容的操作权限，以达到对每个操作环节的细化，提高系统操作的安全性。该学生管理系统应能够供学生事务管理部门的工作人员、班级辅导员和学生本人使用，同时可为其他部门人员配置相应的查阅权限，以便于其了解学生的学习和生活情况。此外，只有拥有用户管理权限的辅导员、学生处、教务处、财务处、团委等才有权对相关信息进行修改。

三、管理手段创新

（一）适应发展需求，革新管理方式

信息技术的快速发展，必然要求对原有的管理方式进行创新，对学生管理方式进行转变，以适应学生管理信息化的需求。在学生管理信息化项目实施前，高校应设置信息化工作领导小组，兼顾目标管理、过程激励、项目管理，对项目涉及的全部工作进行有效的管理，以成功地完成预期工作的目标。信息化项目随着管理的需要而提出，必然在流程上、结构上体现管理的思路与方法，不同的管理体制需要不同的软件产品来适应。因此，在高校学生管理信息化项目的推进过程中，高校必须了解原有的管理方式，找出现行学生管理方式与软件产品的最佳结合点。在后期的学生管理信息化过程中，高校学生管理工作人员要从封闭的局域性管理向开放式的网络化管理转变，由手工的定性单项管理向网络化的定量综合科学管理转变，并努力使用现代信息技术，大胆探索学生管理的新方式和新途径。

（二）抓好队伍建设，提高人员素质

万事"人"为先，人是任何管理工作中最关键的因素，管理成效在很大程度上取决于人的素质。在信息化条件下，高校建立一支高质量的信息化学生管理工作人员队伍，是加强学生管理、完成人才培养任务的根本保证。高校学生管理工作者队伍应该由专兼结合、多层次的人员组成。这支队伍不仅应当具有较深厚的学生管理理论水平，而且要具有强烈的政治使命感和责任感；不仅应当具有实际的高校学生管理工作经验，而且要具有较熟练地使用网络技术和软件开发技术的能力，更要具有开拓和创新精神。为实现高校学生管理手段的创新，高校要建立一套与人才培养相适应的日臻完善的高校学生管理工作体制，理顺关系，分清职责，加强高校学生管理部门的宏观管理和决策功能，充分发挥学生管理工作者的主观能动性；要建立培训机制，根据高校学生管理工作队伍的素质、层次特点，实行交叉融合培训，让具有丰富学生管理信息化经验的专门人才培训一些新的学生管理工作一线人员，并加强信息化理论的培训，让有着扎实计算机网络、软件基础的应用人才对学生管理工作者的信息化产品使用技能进行培训，使高校学生管理工作者能提升学生管理与信息化管理优化组合的能力及网上操作能力，确保高校学生管理信息化创新的深入进行。

（三）依托信息化平台，提升学生管理精细化程度

学生管理工作精细化，是指学生工作不仅要做好，更要做精、做细。精指精益求精，高标准，严要求，一丝不苟；细指细致入微，春风化雨，润物无声。高校要积极推进信息化技术在高校学生管理工作中的应用，在保证学生管理工作整体高水平、高质量的同时，也要使用信息化技术追求学生个体的个性发展，促进学生的全面成才。信息化背景下高校学生管理工作精细化的出发点是以学生为根本，因此在具体工作开展中高校应使用信息化手段，注重个体指导，有效提高教育效果。同时，高校学生管理工作精细化又是一

种形式、一种目标和态度。高校学生管理工作精细化就像是农业生产的精耕细作一样，只不过对象换成了学生，手段也加入了信息化技术。要达到精细化的高校学生管理，就要充分利用信息化平台，做好学生教育工作的精细化、学生管理工作的精细化和学生服务工作的精细化。

（四）加强管理，完善信息化保护体系

信息系统安全等级保护是信息化保护体系的重要组成之一。信息系统安全等级保护可以定义为：信息系统根据其在国家安全、经济建设、社会生活中的重要程度，遭到破坏后对国家安全、社会秩序、公共利益以及其他组织、法人、公民的合法权益的危害程度等，由低到高划分等级，实施相应的保护措施。

高校学生管理信息化是高校学生管理工作中的一项重要工程，进行信息系统安全等级保护就显得尤为重要。首先，在具体实践过程中，高校应该充分考虑网络信息安全问题，按需购买硬件设备及网络防火墙、入侵检查系统等设备。其次，在各信息系统的使用过程中，高校应该设置严格的等级权限，在给各个职能部门分配各系统的账号时应该适合该部门的职能和权限要求，同时应该提醒各具有管理员权限的工作人员注意保护好账号的安全，以防泄露。最后，高校应该制定规章制度保护信息的安全，对于恶意入侵学校信息系统的人员予以严厉的处罚，并对私自盗用系统账户的学生加大惩罚的力度，以确保学生管理信息化系统的安全。

四、技术支持体系创新

（一）加大硬件方面的投入

计算机、网络的配置是学生管理工作信息化建设的硬件基础，要想真正

实现学生管理工作信息化的创新，高校必须加大投入力度，完善信息系统基础设施建设。在进行高校学生管理信息化创新的过程中，高校应积极加强对新信息技术的应用，以建成的校园网为骨干，依托网络技术和各种信息化系统，重视信息化的实用性功能，整合自动办公系统、无线电信资源，借助网络以数据流的形式在各个角色之间流转与共享。同时，高校应加大基础设施建设力度，这既要靠高校自身的资金投入，又要靠引入市场机制，通过与信息化企业（如中国联通、中国移动）的合作，全方位提升学生管理的信息化水平。

（二）使用物联网及 LBS 技术创新学生管理工作

保障高校学生安全是目前高校学生管理工作的重点，创建平安校园也是目前高校的一项重要任务。如何最大限度地保障学生在校生活的安全，这是目前各高校迫切需要解决的问题。目前，物联网的应用在高校日渐增多，物联网能够借助无线数据通信等技术完成对信息的收集，同时还能对搜集的数据进行进一步处理并发送给用户。在学生日常安全管理工作中，如果能够把相关感应器和识别设备放在像教室、食堂、图书馆、寝室等学生活动的相关区域，那么一旦学生进入或者离开这些场所，就可以通过自己的一卡通实现门的开关、数据的记录工作，极大地便利了学生的日常生活。通过物联网，学生管理工作者可以随时掌握学生的准确位置和其他情况，预防事故的发生。高校也可以把射频识别读取器架设在教室、寝室门口、大楼入口处、走廊、图书馆和顶楼等地点，同时在每个学生的手机或者一卡通中安装射频识别标签。这样当学生准备离开寝室时，学生的手机就会通过射频识别读取器提示今天上课要带哪些书、有哪些活动需要参与。物联网能给学生的日常学习和生活提供便捷。例如，当学生到图书馆借书时，通过射频识别读取器，图书馆的门禁系统也会自动打开，这样不但加强了图书馆的安全管理，也给学生借书提供了方便。而基于位置的服务（location based service, LBS）是目前刚刚兴起的一项技术,据调查,所有受调查的学生都至少拥有一部手机,这给 LBS 的应用奠定了物质基础。LBS 完全可以应用于学生日常的学习和生活。如果说物联网是被动地管理学生,那 LBS 完全实现对学生的主动管理。

五、绩效评价指标创新

(一)战略地位评价指标

高校学生管理信息化的战略地位决定了信息化工作在高校工作中所处的地位。只有确定了高校学生管理信息化的战略地位,对信息化予以重视,才能保证高校学生管理信息化工作的资金来源,让高校学生管理信息化能够顺利进行。在信息化战略层面,一般认为信息化年度运营维护投资、信息化年度资金投入占学校总投入的比例、信息化投入经费增长率等三项指标能够反映和评价信息化的战略地位。信息化年度运营维护投资是高校对信息化的投入力度的反映,要想信息化取得成功,高校就必须有明确的信息化规划和充足的预算资金。高校对信息化的实际投入情况则选用了信息化年度资金投入占学校总投入的比例和信息化投入经费增长率来从静态层面、动态层面进行考查。高校学生管理信息化年度投入包括硬件基础设施建设、管理信息系统开发与应用、人员培训等诸多与信息化建设相关方面的资金投入。

(二)基础设施评价指标

信息化基础设施是反映高校学生管理信息化水平的一个重要指标,也为信息资源的开发与应用提供了直接的平台。其主要包括个人电脑拥有率、校园网出口带宽、校园网覆盖率及学生管理信息系统的普及率。校园网出口带宽是进行信息传输、交换和资源共享的保障,也是反映高校通过网络与外界交换信息资源的快慢的重要指标,其包括网络设备的规格、性能等内容,是基础设施的重要组成部分，校园网出口带宽指标可以随着网络技术的不断发展而调整其评估标准。个人电脑拥有率则可以简单地理解为在校师生计算机的拥有率。校园网覆盖率则表明学校内部网络的建设、推广情况。高校学生管理信息系统的普及率则主要是指各职能部门的业务情况与其对信息化系统的使用比例。

（三）应用状况评价指标

基于网络及信息化的综合办公系统如财务、教务、学生管理、毕业离校以及招生与就业等各种管理信息系统的应用情况评价，是高校学生管理信息化的重点。这些系统的应用，集中体现了高校信息化建设的成果和效益，极大地方便了高校的教学、科研及行政等各方面的工作。一般来说，高校必须使用经教育部指定或是通过相关认证的系统，对于已经通过教育主管部门的认证的管理系统，高校可以根据使用的实际情况再进行二次开发，毕竟只有符合实际情况的系统才能更好地为高校服务。

（四）信息资源评价指标

学生管理信息资源是高校信息化的重要资源，信息资源的开发与利用也是高校学生管理信息化的核心步骤。如果把高校学生管理信息化的各个层面进行对比，那么校园物理网络就可以看作公路，各式各样的管理信息系统就可以看作车，而货物就是各种信息资源了。高校学生管理信息化是一项系统化的工作，高校学生管理信息化的目的不只是建设物理网络，也不仅仅是应用各种管理系统，将各种学生、教务等信息资源都收集整理成库，并让所有师生在可允许范围内共享才是高校学生管理信息化的目标。

（五）人力资源评价指标

人力资源通俗地讲就是一种以人为载体的资源。人力资源是一切工作的基础。在高校学生管理信息化的过程中，确保"以人为本"的理念能够充分得到支持是高校学生管理信息化成功的重要保障，这就要求高校把人才当作信息化取得成功的根本。人力资源评价指标，一般可以用一年内参加高校组织的信息化培训的人次、高校信息化建设部门规模（人数）、给高校提供技术支持和运行维护队伍规模（人数）这三个指标来具体衡量。高校组织的信息化培训的人次是高校对学生和教职员工信息素养的培训情况的具体反映。高校信息化建设部门规模则是参与信息化建设的力量体现。给高校提供技术支持和运行维护队伍规模的大小在很大程度上反映了高校学生管理信息化的后勤保障机制是否健全。

第七章 高校学生管理创新的实践探索

第一节 "微时代"下高校学生管理创新的实践探索

一、"微时代"概述

（一）"微时代"的概念

有关"微时代"的概念有许多不同的观点，其中被人们广泛认同的概念有："微时代"是以微博作为传播媒介代表，以发布内容的短小精悍作为文化传播特征的时代；在"微时代"信息的传播速度更快、传播的内容更具冲击力和震撼力。"微时代"的用户简称"微民"，是指运用微内容的任何用户。"微民"对推动"微时代"的可持续发展，起着不可忽视的重要作用。

"微时代"的主要内容有以下几点：第一，"微时代"的代表性应用平台当属微博和微信。"微时代"是由微博推动的。微博，即微型博客，它是以网络用户的人际关系为主要传播范围，通过网页、客户端等登录个人社区，以有限字数的信息内容实现信息传播目的的信息共享平台。第二，微信则是一种手机聊天软件，微信用户可以通过手机、平板电脑等发送文字、照片、语音和视频等。微信用户可以通过扫一扫、摇一摇、附近的人和扫二维码的方式来添加好友和关注公众平台。第三，微小说以微博为载体，通过有限字符表达故事的内容，贴近生活，受到广大微民的喜爱。第四，微电影也就是微型电影，其通过后期剪辑缩短电影篇幅，在极短的时间内向观众表达电影的内涵。第五，微公益是指将身边发生的微不足道的故事发布到微博或者微信朋友圈中进行公益事业传播的活动。第六，微旅行是指将旅途中发生的故事以及所见所闻发布到微博或者微信中的活动。

（二）"微时代"的特点

网络科技及手机信息技术在不断地加速更新，使"微时代"的特点也在不断增多。"微时代"的主要特点有以下几个：

1. 大众性

在"微时代"的信息传播活动中，人人都可以成为信息的传播者、编写者，可以自由地发表自己的观点。"微时代"下，人们对信息内容的要求不高，可以是自己的一些的小事情，也可以是随处观察到的小事物。"微时代"下，人们对信息质量的要求不高，以微博为例，人们不用严谨的逻辑关系、不用优美的文字表述就可以发布信息。并且"微时代"下终端机器可以是手机、掌上电脑等便于携带的设备。在如今人人都拥有手机的大环境下，人们可以随时随地进行信息的传播、更新。这一特性提高了大学生发布信息的积极性以及参与话题讨论的活跃性，削弱了小部分占据信息优势的精英人物对信息的控制力度，使每位学生都可以成为信息的传播者，每个人都可以参与信息的传播活动，这对高校学生管理工作的开展起到了促进作用。

2. 交互性

在"微时代"下，人们可以是信息的接受者也可以是信息的传播者，人与人之间交流的互动性得到了加强。对传统的信息传播媒体来说，人们是被动地接收信息的，并没有选择信息内容的权利。通俗来讲，报纸上写什么，人们就只能看到报纸上写的内容；电视上播什么，人们就只能看到电视里能播放的内容。但是在"微时代"，每一位"微民"，都可以在"微媒体"中搜索自己需要的信息，主动地接收信息。传统的信息传播下媒体是单方向地传播信息的，但是在"微时代"，媒体的信息传播是双向的。每一位"微民"既是信息的接受者，又是信息的传播者。"微民"可以通过微博、微信朋友圈等发布自己的言论，在接收别人信息的同时，可以通过微博、微信向别人发送信息。这一特点使人人都能参与话题的探讨、交流，并发布自己的观点。这提高了"微民"之间的信息交互性，促进了学生人际关系网的建立，为高校学生管理工作带来了难得的机遇。

3.及时性

在"微时代"，信息的传播变得更加迅速、及时。在信息的传播过程中，信息字符数量的减少，势必会导致信息传播的速度变快。微博及微信等社交软件在手机、掌上电脑上的普及，使信息的发布者可以随时随地发布信息。例如，某一新闻事件，可能报纸上还未报道、电视上还未播放，但是微博、微信就将其及时呈现在人们面前，这体现了"微时代"信息传播的及时性。及时性特征使学生走在了信息前沿，给高校学生管理带来了挑战，也给学生自我发展提供了难得的机遇。

4.匿名性

"微时代"是以图片、数字、文字、声音、符号等形式进行信息传播的。在实际的生活当中，人们产生社交活动的原因是人与人之间的亲和感，以及外在条件所产生的交往欲望，如人的职业、外貌、社会地位等都是影响人们选择交流对象的主观因素；而在虚拟的"微时代"，人们通过"人—机—人"这种模式进行沟通，缺少面对面交流的可视感，也就不存在现实生活中因职业、社会地位的不同带来的对言行举止的约束力。这种约束力的缺失，容易造成网络道德规范的缺失。现实中的职业、社会地位、相貌、年龄等通通能够隐藏起来，不为他人所知，甚至一部分人在微博、微信中造假。在"微时代",人们可以在虚拟空间中满足对现实世界的幻想,因此"微时代"在人们的思想上、生活中的影响是巨大的,同时对高校学生管理的影响也是巨大的。

5.流动性

第五代移动通信技术的普及使信息的流动变得更加迅速。作为第五代移动通信技术主要载体的手机,成为当下个人传播信息的主要媒介。当下使用手机上网的用户已经超过了使用个人电脑上网的用户,人们利用手机进行信息传播的速度也大大提高。而手机、掌上电脑具有携带方便的优势,不受电源、网线的限制,可以随时随地传播信息。在"微时代",微博、微信等信息共享平台在手机、掌上电脑上的广泛运用,加速了信息的流动,给高校学生管理带来了机遇。

二、"微时代"给高校学生管理带来的机遇与挑战

(一)"微时代"给高校学生管理带来的机遇

微博、微信等信息共享平台的出现,给高校学生的生活带来了积极的变化,如拓宽了高校学生获取信息的渠道,为高校学生提供了广阔的交友平台。同时,这些改变也为高校学生管理提供了难得的机遇。

1.教育载体得到革新

"微时代"带来的独特教育载体使教育内容和方式发生了转变,从而提高了高校学生管理的实效性。传统的高校学生管理载体包括课堂、会议、讲座等,学生受教育的效果受到知识信息的局限性和教授手段的单一性等许多因素的约束。而"微时代"具有可以传播图片、视频、声频等数字信息的优点,教师和学生能够在任何地方、任何时间把所需要的知识转化为图片、声频和影像传播给其他人。微博、微信等信息共享平台可以与高校学生管理工作相结合,以图片、声频和影像作为新的教育载体来辅助教学,使教学方式

更具有生动性、直观性。

"微时代"为高校学生管理带来的积极转变主要有以下两点：第一，教育载体变得活泼生动。根据美国哈佛商学院有关研究人员的分析，人们通过视觉感官接收的信息占据全部外来信息的 83%，而微博、微信等信息共享平台传播的信息具备声色俱全、图文并茂、声情融合等优势，集声、图、文于一身的教育载体能够为学生带来最直观、最生动的表现形式。尤其是数码信息科技的使用，能够在教学荧幕上创造一种轻松、生动的教学场景，使原本枯燥乏味的教学信息变得活泼生动，使学生的思想受到影响。第二，信息的获取变得方便、快捷。微博、微信的普及促使很多教育机构注册公共账号，从而在公共平台传播教育信息，学生只要通过手机就可以获取知识信息，非常快捷。

随着"微时代"的不断发展，微博、微信等信息共享平台已经成为学生日常生活重要的组成部分。"微时代"的及时性、流动性，能够让大学生通过微博、微信等信息共享平台在任何时间获取世界上各个国家和地区的信息，内容涉及各个层面，包括政治、经济、文化等。

2.教育方式得到创新

将"微时代"下的信息共享平台融入高校学生管理，能够创新教育方式。以往高校以"填鸭式"的方式向学生灌输理论知识，从而达到教育管理效果，带有"强制性"。微博的出现为这一"死板"的教育模式带来了意想不到的转机。大学生在微博、微信等信息共享平台上获取信息的时间要远远多于他们接受现实教育的时间。当学生在信息共享平台中了解到一些与现实教育"灌输"的观点不一致或者完全背道而驰的信息时，他们就会产生疑惑，这会阻碍学生理性地思考问题，甚至颠覆他们原有的正确的思想认知。因此，高校学生管理工作者要抓住时代机遇，及时对教育方式进行创新，与时代元素相结合，提高高校学生管理的实效性。

"微时代"下的高校学生管理不再采用"灌输"的方式单方面地将信息

传递给受教育者，而是利用一种全新的方式去引导大学生接受正面的教育。教育者将扮演"引路人"的角色，引导学生选择和接受教育信息，为学生提供服务和帮助。这种方式可以加强教育者与受教育者之间的双向互动，学生可以根据自身的爱好、兴趣来选择所要接受的教育信息，根据自身对这类信息的理解进行思考并提出问题。教育者可以通过这些问题来分析受教育者所面临的困难，并为他们提供帮助和引导，从而提高高校学生管理工作的实效性。将教育信息渗透进微博、微信等信息共享平台的管理方式，可以使学生主动接受教育，也能使学生觉得教育者更具有人情味、更具有亲和力，以一种愉快的心情主动地学习和接受知识。教育者能够更好地了解学生心中的疑惑，能够为高校学生管理工作的开展提供丰富的资料支持。

3.教育内容得到充实

在"微时代"，高校学生管理工作者可以获得最新、最全、最具有针对性的教育信息资源，以满足大学生对教育内容丰富性、及时性的要求。在传统的教育活动中，教师往往以教材中的知识为主，没有进行对课本之外知识的拓展，没有将理论与实际结合起来分析。因此，传统的高校学生教育的知识覆盖面是狭窄的，教育内容是陈旧的。而微博、微信等信息共享平台中蕴藏着种类繁多、内容丰富的知识信息，而这些平台与高校学生管理相结合，使其具备了"取之不尽、用之不竭"的信息资源。微博、微信等信息共享平台不受地域的限制，可以进行信息资源的共享。高校之间也可以通过微博、微信等信息共享平台来实现教育资源的共享，从而丰富高校学生管理工作的内容，拓宽教育空间。

以往高校学生管理工作常常受到信息沟通不畅这一难题的影响，微博、微信等信息共享平台的参与改变了这一现状。高校学生管理在信息共享平台的参与下，丰富了教育内容，使教育内容涉及方方面面，而且更加生动形象。这主要表现在：第一，手机通信技术的不断更新，以及"微时代"的流动性和及时性，使微博、微信等信息共享平台中的信息一直在不断地更新，所以教育内容也在不断地更新，以保持信息的及时性和科学性。第二，微博、微信等信息共享平台中隐藏着海量的信息，并且涉及各个领域，所以教育内容变得丰富而全面。第三，高校可以将枯燥乏味的政治信息隐藏在微博、微信中，通过视频、声频、图像等形式生动形象地传播给学生，从而提高高校学生管理的实效性。

4.教育的针对性得到提高

在"微时代"，高校可以对学生在微博、微信中提出的问题进行研究分析并提出对策，做到有的放矢，以便提高高校学生管理的针对性。高校学生管理的主体是高校学生，而提高高校学生管理的针对性的前提是了解和认识当代高校学生，掌握高校学生的思想动态。在传统的教育环境下，高校很难做到这一点。但是微博、微信等信息共享平台的出现，为提高高校学生管理的针对性带来了转机。高校学生特别喜欢在微博、微信等平台上发表自己的言论和观点。因此，高校学生管理工作者可以深入这些平台中去开展学生管理工作，了解高校学生的思想动态，并且加以分析研究，再将研究成果运用到现实的工作中。同时，高校学生管理工作者可以利用"微时代"的匿名性和虚拟性，利用微博、微信等信息共享平台了解大学生的言论，并加以研究分析，针对这些言论作出具有正面教育性的回复；或者通过微博私信、微信私聊等方式，直接与这些学生展开对话交流，将具有针对性的教育信息及时、迅速地传播给受教育者。此外，高校学生管理工作者可以根据在微博、微信中所了解到的大学生信息，在现实中开展学生工作，从而更具体地对大学生进行教育，做到有的放矢，提高高校学生管理的针对性。

（二）"微时代"对高校学生管理提出的挑战

"微时代"的快速发展使人类的生活品质产生了质的飞跃。"微时代"这柄"双刃剑"对高校学生管理提出了巨大的挑战。

1.信息共享平台给高校学生管理的信息主导地位带来冲击

微博、微信等信息共享平台具有信息内容丰富、获取方式快捷等特征，促使学生不再依赖传统的高校信息传播媒体来获取信息，冲击了教育者的主导地位，严重影响了高校学生管理的实效性。

传统的校园环境是一个相对封闭的"四合院"，学生想要获取知识信息只能通过传统的校园信息传播媒体渠道，如广播、校刊、课堂授课等。传统的校园媒体传播的信息大多是由教育者提供的，由学生提供的信息内容也需要教育者的审核同意才能进行传播，所以教育者对传统校园环境下的信息传播具有绝对的主导权。在这样的教育环境下，教育者一直处在信息优势地位，容易在受教育者心中树立威信，从而提高高校学生管理的实效性。

微博、微信等信息共享平台的诞生与发展使教育者的信息主导地位产生动摇。微博、微信等信息共享平台拓宽了学生获取信息的渠道，从而减少了其从传统校园信息传播媒体中吸收的信息量。微博、微信等信息共享平台以自身独特的魅力吸引着学生，使其成为微民群体中一支重要的队伍，并且"微时代"的流动性和及时性使微博、微信等信息共享平台成为拥有广阔的空间、丰富的信息内容、能够快速及时获取信息的具有优越性的传播渠道。因此，学生对微博和微信的使用频率远远高于对传统的校园信息媒体的使用频率。同时，"微时代"的交互性更促使教育环境成为一个自由的空间，使信息的传播不受国界的阻碍，任何国家、任何地区的人都可以通过手机网络进行沟通交流。但是在这样一个自由的环境下，对信息的监管和过滤带来了管理上的困难，难免使微博、微信中充斥着不健康的"垃圾信息"，让教育环境变得更加复杂。一些学生在微博、微信等信息共享平台中容易接触到错误的价值观和错误的思想。"微时代"的虚拟性和匿名性使微民在传播信息的过程中更加灵活和自由，导致教育者对信息的控制力不断下降，从而阻碍了高校学生管理工作的开展。

2.手机信息技术对高校学生管理工作队伍提出更高要求

在"微时代",高校学生管理工作者对手机信息技术的理解程度、运用程度都将影响高校学生管理工作开展的实效性。传统的校园环境相对封闭,学生只能在传统的校园信息传播媒体中获取信息,从而使高校的教育者一直处于信息优势地位。学生信息获取渠道的"唯一性",使教育者极易在教育活动过程中树立威信,也使高校学生管理的实效性得到提高。而微博、微信等信息共享平台的快速发展和普及,拓宽了学生获取信息的渠道,改变了学生信息获取渠道的"唯一性",彻底颠覆了教育者的信息优势地位。"微时代"信息传播的及时性,使学生可以通过微博、微信等信息共享平台来获取丰富的信息资源。现如今,我国高校学生管理工作者大多没有经历严格的信息技术培训和实践,面临不断更新的手机信息技术常常束手无策。

"微时代"背景下的高校学生管理工作者会遇到一种情况:教育者对学生灌输的教育信息,学生通过微博、微信等信息共享平台早已熟知;学生脱口而出的新鲜词语和新的事物,教育者却无从得知。微博、微信等信息共享平台中包含了丰富的知识信息,内容多种多样,覆盖面广,涉及各个领域,形成了一个知识财富宝库。并且随着时代的发展,这个宝库还会不断更新。如果高校学生管理工作者不具备足够的知识储备量,没有合格的信息技术技能,将很难利用微博、微信等信息共享平台中的信息资源对学生进行管理。因此,高校学生管理工作者必须增加知识信息储备量,学习手机信息技术技能,从而满足"微时代"对高校学生管理工作队伍提出的要求,推动高校学生管理工作的开展。

三、"微时代"下高校学生管理创新的策略

(一)实施"微管理",创新高校学生管理工作者的理念

1.推动高校学生管理工作者思维的转型

"微时代"下,随着微媒体在校园内的普及,高校学生管理工作者可以借助微媒体平台作为新的学生管理工作阵地和载体,使高校学生管理工作不断现代化和科学化,从而提高工作效率,这就需要高校学生管理工作者进行思维的转型。

(1)重视微媒体平台所具备的潜在管理功能

"微时代"下,随着微博、微信等微媒体在大学生中的普及,高校学生管理工作者如果能运用这些平台作为和学生互动及管理的新方式和新途径,就能更好地融入学生的学习、生活。这就需要高校学生管理工作者转变思维方式,不对微媒体抱有偏见,而是正确认识微媒体、认真研究微媒体、大胆使用微媒体。

(2)由现实管理向虚拟管理转型

与学生进行面对面的交流是管理者普遍采用的方式,他们认为这种方式能较好地实现对学生的管理。但是在"微时代",这种方式可能并不为学生所普遍接受,甚至容易使部分学生产生厌烦的情绪,因此高校应该由现实管理向虚拟管理转型,重视并尝试以学生喜闻乐见的虚拟微媒体平台实施宣传、交流、管理、服务等。

(3)积极转变管理理念

高校要把握"微时代"带来的机遇,树立"以学生为本"的理念,打造民主和谐的校园环境、构建科学完善的学生管理制度、重视学生的主体性地位,使高校学生管理更加科学化、民主化和正规化,从而实现学生的全面发展。

高校也应适应潮流，促进高校学生管理工作者的思维转变，使其适应新环境、新要求，并将微媒体平台纳入学生管理工作战略之中，加大资金和技术的投入，谋求可持续发展的创新之路，从而为推进高校学生管理工作健康、有序发展奠定坚实的基础。

2.重视使用微媒体时的价值引导

大学阶段是学生形成正确世界观、人生观和价值观的重要阶段，各种层出不穷的信息，容易对学生的思想观念和道德认知造成不良影响，甚至使其出现理想信念不坚定、价值观混乱等问题，如果不及时加以引导，就可能造成难以弥补的遗憾。"微时代"既有利于学生更新思想观念，又容易使他们受到不良信息的误导，影响他们正确观念的形成。因此，高校学生管理工作者要引导学生正确使用微媒体，有选择地利用微媒体平台中的资源，抵制不良信息，使他们具有良好的微媒体使用素养。第一，高校可尝试开设微博、微信等微媒体使用技术的培训班或选修课，向学生传授微媒体的基本知识和主要用途，使他们了解微媒体的传播途径和方式，提高对微媒体信息的独立思考、理解和批判性选择的能力，远离不良微媒体环境。第二，高校应指导和鼓励学生尝试参加微媒体实践活动，提高微媒体使用技能，如制作微视频、微电影、举办微公益校园活动项目等。

（二）打造"微队伍"，创新高校学生管理工作者队伍

1.建立"四位一体"的高校学生管理工作者队伍

"微时代"下，高校可尝试利用微媒体平台的便捷、快速、易交互的特性建立辅导员、教师、学生干部和家长"四位一体"的高校学生管理工作者队伍。辅导员、教师、学生干部、家长不仅要在高校学生管理工作中发挥好各自的作用，相互之间还要加强配合、加强交流、优势互补、协调一致，从而实现"1＋1＋1＋1＞4"的效果，发挥"四位一体"高校学生管理工作者队伍的功用。

（1）辅导员方面

辅导员是学生思想政治工作和日常管理的骨干力量，是学生健康成长的指导者和引路人。他们的主要职责是负责学生思想政治教育工作，学生党团、班级工作，学生学业、就业、交友、心理指导咨询工作，学生宿舍管理、奖助困补、安全维稳等工作，他们在大学校园中与学生接触得最多、关系最为密切，学生对他们的依赖程度比较高。"微时代"下，辅导员可以利用微媒体平台提高工作效率，扩大学生受众面。例如，利用班级微信、微博、QQ 等微媒体准确地传达信息，巧妙地描述事件，积极地交流互动，有序地管理引导，以达到更好地服务学生的目的。

（2）教师方面

高校可从已有校园资源入手，加强对高校学生管理工作相关部门，如学校学工处、保卫处、招生就业处、后勤处、团委、各（院）系学工办、学院/班级等的教师的培训，提升他们使用微媒体的能力，鼓励他们利用微媒体平台开展工作。在具体的学生管理工作中，他们既要维护好部门或个人的微媒体平台，又要关注学生媒体平台，才能达到较好的管理效果。此外，专业教师也可以通过微博、微信、微课程等学生所喜闻乐见的方式来组织课堂，并积极地与学生在学习中交流互动，甚至可将课堂延伸到课堂之外，以提高学生学习的积极性，巩固教学效果。

（3）学生干部方面

除了学生会、团总支、社团联合会、青年志愿者等学生组织的学生干部，高校还可以组建一支作风好、纪律强、技术强的学生干部队伍深入学生中间，积极传播学校官方信息，及时关注学生中的舆情动态，传递正能量，发挥学生朋辈相互影响的积极作用。例如，组建学生干部微团队，专门从事微电影、微故事、微公益、微访谈等微素材的制作，并发布到微媒体平台上，以达到对学生进行管理的目的。

(4) 学生家长方面

随着"微时代"的到来,越来越多的家长也使用微博、微信、QQ 等微媒体,这就为教师、学生、家长三方互动、共同关注学生的成长提供了更好的平台。例如,教师可通过微媒体平台将学生在校园中的学习、生活、心理等方面的情况反馈给家长,特别是部分重点关注的学生对象,这样家长就不再受限于时间、空间,能及时了解学生最新动态。

为了更好地发挥"四位一体"的高校学生管理工作者队伍的作用,高校也可通过开展微媒体培训、社会考察、知名媒体机构交流经验等学习活动加强他们对微时代的认识,鼓励他们提升使用微媒体的技术、能力。

2.发挥学生"意见领袖"的积极引导作用

学生中的"意见领袖"发挥的作用具有两面性。一方面,如果他们在微媒体平台上发布的信息是正能量的、与其他学生的互动是友好的、对校内事件的探讨是积极的,就能引导舆论朝着积极的方向发展,且有利于事情的妥善解决。另一方面,如果他们发布的信息负能量的,这种消极的舆论导向就会给事情的解决造成更大的障碍。高校可尝试培养一批学生"意见领袖",并加强对他们的培养和引导,充分发挥他们的积极引导作用,使他们成为高校学生管理工作的重要力量,以便更好地为学生服务。总之,学生"意见领袖"在高校学生管理工作中的积极作用不容小觑,高校可从人才发展的角度出发,充分尊重学生的主体地位,多渠道构建培育机制,并形成一个系统、科学的培养体系,从而实现学生管理学生、学生服务学生、学生影响学生的自我发展模式。

(三)搭建"微媒体",创新高校学生管理工作者平台

1.建设微媒体基础设施

"微时代"下,为了使微博、微信等微媒体平台顺利进驻高校并发挥其作用,高校必须建设满足微博、微信等微媒体平台使用需求的基础设施、硬

件环境和软件设备,并且长期管理维护,以保障微媒体平台在校园内的广泛运用。例如,校园网络覆盖面要广,能到达包括教室、实训室、图书馆、运动场、食堂、学生宿舍等区域。总而言之,高校要创造以硬件条件为基础、以相应软件程序为补充、以长期维护为支撑的环境,这样才能保障高校学生管理能够运用微媒体平台长期有效地开展。

2.搭建多元微媒体平台

首先,注册学校的官方微博、微信公众号等平台,构建家庭、学校、企业、社会互相关联的平台,并经常更新动态,保持与外界之间的信息交换;其次,建立各院系、部门的微博、微信等微媒体平台,通过双向互动,倾听学生的意见和建议,不断改进高校学生管理工作的服务质量;最后,鼓励教师开通个人微博、微信等微媒体平台,并与学生进行互动,为学生学习、生活提供帮助。同时,鼓励学生组织、社团、班级构建自由、民主、文明的交流平台,进行群体之间的互动,激发学生的活力。此外,搭建高校、部门、教师、学生组织多元微媒体平台后,还应加强监督、管理、维护,统一协调,相互补充,避免重复,以达到有效利用的目的。

3.构建精品微媒体平台

"微时代"下,为了更好地发挥微媒体平台在高校学生管理中的作用,还可构建专门的、针对性较强的高校学生管理工作精品微博、微信公众号平台。例如,注册"校园百事通"微信公众号,并有针对性地以高校学生管理工作内容来开发微信公众号的模块,在"校园百事通"微信公众号中创建学生教育、学生管理、学生服务等模块菜单。在学生教育模块中设计党团教育、理想信念教育、法治教育、心理健康、安全教育、主题教育等栏目;在学生管理模块中设计校纪校规、奖惩通报、学生动态、档案管理、事务管理等栏目;在学生服务模块中设计文件通知、学习园地、就业创业、主题活动、校园生活、课表成绩查询、奖助困补贷、虚拟社区、联系我们等栏目。每个栏目下还可以添加子栏目,如事务管理下开设宿舍管理、勤工助学、请假申请等栏目。所有栏目中的内容应运用文字、图片、视频、声频等素材,且贴近学生、贴近生活,用具有地方特色、学校特色、学生容易接受的语境,引起学生的认同和共鸣,吸引学生的注意力,满足学生需求,增加学生关注、点击、阅读、参与、转发、评论的兴趣,使得平台能够受到学生的广泛关注,从而不断提升高校学生管理工作的服务质量。

4.强化使用微媒体平台的监督管理机制

"微时代"下,微媒体技术在高校广泛运用,信息的发布和使用比以往更加自由,且信息的传播在某种程度上处于一种"时间、空间、资讯无障碍"的状态,具有不确定性和难以控制性。另外,由于平台太多,且呈现自发、松散、无序的状态,缺乏统一组织,平台之间没有相互协调机制。因此,"微时代"下,系统化的制度建设和科学的监督管理机制的落实显得尤为重要,高校可尝试采取如下措施:首先,研究制定科学、有效、统一的微媒体运行规章制度,加强对微媒体的有效监管。其次,对校园内多层次的微媒体平台进行监督和引导,并实时检查,从源头上净化不良信息,确保学生拥有健康环境,但又要注意留有适当空间,避免挫伤学生参与的积极性。最后,实施线上、线下两手抓的监管机制,结合传统的管理方式,扩大监管的范围。"微时代"下,高校只有与时俱进地研究出科学的微媒体使用方法,并建立合理的微媒体使用管理机制,才能营造安全、有序的校园环境,维护校园稳定。

(四)开展"微活动",创新高校学生管理工作方式

1.构建"微活动"校园文化,形成润物无声的管理特色

高校学生十分注重校园文化生活,因此营造良好的"微活动"校园文化氛围可以调动学生参与活动的积极性。高校学生管理工作者可以尝试将微博、微信等微媒体平台运用于构建校园"微活动"中,并通过"微活动"向学生传播教育知识信息、弘扬社会主旋律和树立正确的价值观念,以凸显"春风化雨、润物无声"的管理特色,为更好地开展"微时代"下高校学生管理工

作奠定基础。首先，可尝试挖掘和培养一批思维活跃、现代意识强、善于策划组织且多才多艺的教师或学生干部队伍，使他们深入学生中间，并能够顺应时代需求，不断创建新的活动形式；其次，加入"微时代""微时尚"元素推广校园文化活动，广泛地吸引学生积极地参与；最后，创新校园文化活动形式，在传统的校园文化活动的基础上，举办一些符合"微时代"发展、以"微时代"为主题的校园文化活动，如微电影比赛、微博摄影评比、微商创业活动等。通过开展"微时代"校园文化活动，丰富学生的课余生活，锻炼学生的人际交往能力，有利于学生积累社会实践经验。

2.推广"微公益"校园项目，凸显"育人无形"管理效果

"微公益"指的是通过微不足道的小事来进行公益事业的传播，汇微小成巨大。"微公益"强调积少成多。在"微时代"，人人都是"微公益"的践行者。在学生中开展"微公益"校园活动项目，既能够帮助一些特殊学生，解决他们的困难，又能弘扬互帮互助精神，增进学生之间的感情，传播正能量，实现"育人无形"的效果。高校举办校园"微公益"活动项目意义深远。校园中的"微公益"不仅仅是一种简单意义上的校园文化活动，更能够培养学生感恩的生活态度，提升学生的社会责任感，升华学生的思想道德品质，以达到"我为人人，人人为我"的人生境界。因此，高校学生管理工作者要了解有关"微公益"的基本知识，并结合工作中的实际情况，经常举办一些适合学生参与的"微公益"校园活动项目，并在学生中积极地宣传。例如，在学生中发起"一月捐献一元"的"微公益"校园活动，帮助校园中家境困难、患有严重疾病的同学；向同学们倡议捐出自己用旧了的书籍或衣服等生活用品，寄给偏远山区的学生。

第二节　书院制模式下的高校学生管理创新实践探索

随着经济社会的迅速发展与产业结构的不断调整，加之高等教育教学的改革和高校学生学习方式的变化，传统高校学生管理模式已无法适应时代发展新形势。高校学生管理是高校教育管理工作的重要环节，深入推动高校学生管理体制机制改革，是促进高等教育质量有效提升的重要方式。因此，复旦大学结合中国古代书院管理历史，借鉴国外学生管理经验，创新学生管理模式，率先试行书院制。书院制以学生宿舍为管理载体，打破视教师为绝对权威的管理模式，回归学生主体，以通识教育开展为核心，培养学生的创新能力和正确的价值观念，从而促进学生全面发展。实践证明，书院制是在高等教育内涵式发展背景下，高校积极推进学生管理体制改革、回归育人本质的重要管理模式。

一、书院制管理模式在高校学生管理工作中的现实意义

随着高等教育普及化阶段的到来，高校学生管理工作的高质量发展成为高校面临的关键课题。以管理促发展是高校学生管理模式创新发展的核心要义。书院制的产生与发展对高校学生管理工作的创新具有重要现实意义。

（一）书院制是高校对社会宏观环境变革的积极回应

社会宏观环境的变化既推动着高校学生管理模式的创新，也为高校学生

管理的改革提供了客观条件。其一，在现代管理理念与经验的双重冲击下，传统的高校学生管理模式已难以适应时代发展需要，改革势在必行。书院制即是此背景下高校学生管理的创新发展模式。其二，受市场经济导向影响，学生接受高等教育实际上已成为高校为学生提供教育服务的行为。学生主体的学习意愿与需求成为高校教育教学改革必须考虑的重要因素，而书院制高校学生管理模式能够充分发挥学生主观能动性，弥补传统学生管理工作的不足。其三，人工智能时代下，高校学生管理改革具有先进的技术优势。互联网的普及推动高校学生管理信息化，为高校学生管理实践提供了更加便捷的渠道和全新的平台，可有效提升管理效率。

（二）书院制是高校学生管理工作模式创新的内在需求

高等教育的普及化与高校学生人数的迅猛增加加大了高校学生管理工作的难度。在此背景下，传统的高校学生管理模式亟待转变，而书院制高校学生管理模式可满足高校学生管理工作模式创新的内在需求。其一，传统的高校学生管理工作模式是以班级为单位的学生管理制度，该模式无法为学生提供专业化、个性化的指导，不利于学生创新能力的培养。其二，在高校学生管理制度变革背景下，与之相适应的高校学生管理模式必须作出相应转变。在传统的高校学生管理模式下，教师需要耗费大量时间和精力来全方位指导每一位学生，因此教师工作任务重，难以获得预期效果。其三，当代高校学生个性化、多元化的学习生活需求推动高校学生管理模式的创新。互联网的开放性特征使高校学生受到各种思想观念的影响，解决其价值观偏移与心理健康问题成为高校学生管理工作的重中之重，这就要求高校学生管理工作模式必须与时俱进地进行创新。书院制高校学生管理模式主张一切从学生实际出发，通过全方位的教育改革，因材施教地促进学生个人能力的提升，满足社会对新型拔尖人才的需求。

(三)书院制是高等教育回归育人本质的路径选择

书院制是高等教育回归育人本质的基本路径选择。其一,"以生为本"是书院制高校学生管理模式的根本理念。书院制高校学生管理工作模式围绕学生需求,贴近学生生活,以服务意识实现管理目标。在管理过程中,高校要充分尊重学生的主体意识,为学生学习生活创设更加丰富的个性化教育环境,激发学生的自我管理意识与潜能。其二,全员育人,围绕学生开展教育教学活动是书院制高校学生管理模式的根本方式。一方面,将学生管理覆盖面拓展至书院每一个角落,面向所有学生,保障书院全体学生都能接受教师的有效指导,激发学生参与书院学习与生活的热情是书院制高校学生管理工作模式的基本要求;另一方面,所有教师充分发挥教书育人的本职责任,全员参与对学生学习生活的引导工作,围绕学生学习需要,为学生提供全面的管理服务是书院制高校学生管理工作模式的目标。其三,改变传统的师生关系,进而构建平等的师生关系是书院制高校学生管理模式的创新之举。书院制下的高校学生管理工作模式打破了学院、学科、专业壁垒,有效改善了师生关系,满足了大学生学术交流与接受心理健康指导的需求。

二、书院制模式下高校学生管理工作实践的现实困境

社会是不断更新与发展的有机体,高校学生管理工作应随着社会发展而作出动态的适应性转变。书院制作为高校学生管理改革与发展的产物,在当前教育教学实践中仍存在诸多问题。

(一)管理理念更新不及时,对书院制认识不足

书院制是高校学生管理工作模式的创新尝试,目前仍处于探索发展时期。在试行书院制高校学生管理模式的高校中,部分高校的学生管理理念更新不

及时，对书院制的认知与接受程度不高，这在一定程度上制约着书院制高校学生管理工作的开展。其一，"行政泛化"影响学生管理理念的更新。部分高校学生管理"行政泛化"现象较为严重，学生管理工作的开展遵循严格的科层管理制度，过分重视管理人员工作的便捷性，忽视管理工作的服务职能，导致学生管理方式趋于行政化，与"以人为本"的管理理念相违背。其二，学院制学生管理制度与书院制学生管理模式的磨合度不足，书院制学生管理模式发展尚未成熟。因此，只有通过有效组织书院架构，合理利用具体学院的育人资源，才能保证书院制学生管理模式的顺利推行，进一步加强书院与学院之间的协同合作。其三，部分高校对书院制学生管理理念的认同度不高。由于书院制发展仍处于探索阶段，其管理模式能否适应大多数高校学生管理创新仍需要实践的进一步检验，这导致部分高校对书院制学生管理理念持怀疑的态度，实施书院制学生管理模式的主观意愿不强。

（二）管理体系建设不健全，与学院管理制度有重复

书院是独立于传统学院的新型学生管理组织机构。随着书院育人功能的完善与机构设置的扩充，其管理体系应随之建立。然而现阶段，部分高校书院制学生管理体系建设仍面临诸多问题，影响着书院制学生管理效率的提升。其一，书院制管理制度缺乏顶层设计。书院的设置涉及的机构较多，难度较大，在一定程度上会影响高校内部治理的整体结构。因此，书院创办及其管理体系建设应充分考量高校内部治理的基本情况，结合高校现有办学资源进行整体设计与规划。目前，部分高校书院制管理体系建设忽视顶层规划，导致书院制实际推进面临困难。其二，书院制管理制度不严谨，与学院管理制度有所重复。由于书院与学院定位模糊，书院制与原有的高校学生管理制度尚未形成有效对接，书院制的人员职责划分、管理机构设置等与学院制有所重复，导致一旦书院管理出现问题，书院与学院管理人员会相互推诿。同时，书院制管理模式中涉及学生管理权利的内容较少。扩大学生管理权利是书院

制的显著特征之一，而目前书院制管理模式下的学生群体中拥有管理身份的人数很少，难以发挥学生在书院制管理模式中的主体作用。其三，书院制管理缺乏监管体系。导师工作实践的自由程度较高，缺乏监管，可能出现学生寻求答疑时导师不在工作岗位的情况，还有部分导师无法完成坐班答疑的任务；部分书院学生自主学习能力弱，在缺乏制度监管的情况下，甚少主动寻求导师答疑，造成资源闲置。

（三）管理资源配置不均衡，书院文化氛围不浓厚

书院制旨在充分发挥环境育人作用，激发学生学习能动性与管理自主性。良好的资源配置与文化氛围营造是提升书院制管理效率的重要条件。

目前，部分高校管理资源配置存在诸多问题，制约着书院制学生管理工作的顺利进行。

其一，书院办学经费短缺，难以支撑书院基础设施建设。环境建设、学生公寓配套设施建设、通识教育课外活动开展等都需要大量资金投入。而部分高校书院经费始终处于短缺状态：一是由于书院经费来源渠道单一，由教务处统一划分；二是高校拨给书院的经费相比其他创新项目较少，书院基础设施较为薄弱，导致部分育人工作与活动无法正常开展。

其二，书院发展时间较短，书院文化氛围不浓。书院文化的形成较为漫长，需要时间的积累与沉淀。然而，部分高校将书院制学生管理的工作重心集中在学生事务管理方面，忽视文化建设，缺乏文化内涵。

（四）导师队伍水平不高，书院制落实不到位

书院实行导师制既有助于构建良好的师生关系，也有助于教师更加精准地指导书院学生的学习与生活，提高育人质量。书院导师主要包括常任导师、学术导师及兼职导师。不同类型的导师协同合作，共同促进大学生身心健康发展。

现阶段，部分高校书院导师队伍水平不高，制约着书院制育人作用的发挥。其一，导师数量不足。书院师生比重不合理，影响书院个性化学生管理活动的开展。在大学扩招背景下，高校普遍存在师资不足的问题，而书院制下师生比不合理的问题也同样存在，这使得师生沟通交流无法达到书院制的理想状态，导师对学生的个性化指导受限。其二，书院常任导师整体专业水平亟待提高。常任导师一般为辅导员，而辅导员承担的学生管理任务繁重，外出参与现代化管理理念与知识培训的机会较少。此外，辅导员职业发展的限制也影响着常任导师管理专业水平的提高，从而影响书院学生管理工作质量的提升。

三、书院制模式下高校学生管理工作实践的创新路径

经过近年来的探索与实践，高校书院制管理模式已初具形态。但书院制作为高校学生管理发展的新模式，仍处于发展初期，相关的理论研究与实践经验不够完善。对此，基于书院制实践面临的现实问题，本书提出书院制模式下高校学生管理工作实践的创新路径，以期促进书院制学生管理模式的优化与升级。

（一）立足"以人为本"，树立现代化学生管理理念

理念对行动具有引领作用。"以人为本"，树立现代化学生管理理念是书院制学生管理工作开展的思想原则。其一，高校教育教学活动与管理工作的开展应以育人为根本目标，营造全员育人、全方位育人氛围。教育是有目的地培养人的活动，高校一切工作的开展都应将人才培养作为出发点和落脚点。书院制"以人为本"的管理理念是高校全员育人理念的重要一环，可为书院制学生管理模式奠定理论基础。其二，高校领导者应树立民主开放的管理理念。当代高校学生的独特性与其个性化意识的发展，使得以约束与管理为中

心的传统管理理念已无法适应高校学生身心发展变化规律。书院制下的高校学生管理模式要求管理工作者尊重学生的主体地位，引导学生主动参与管理，重视管理过程的民主与开放。其三，书院管理者应立足"以人为本"，以人性化管理方式提升管理效率。书院管理者应努力实现管理角色的转变，从管理者转变为服务者，为学生提供自我管理与服务的机会，激发学生的创新潜力，发挥学生主观能动性。书院导师应努力构建教学相长的师生关系，围绕学生学习发展需要，与学生进行良好的沟通，培养学生的创新思维。

（二）紧扣服务主题，健全书院制管理机构设置

系统且科学的管理机构设置是书院制育人价值得以充分发挥的关键。对此，高校应结合内部治理结构现状，立足服务理念，在明确书院发展定位与目标的基础上，合理设置完善的书院制学生管理组织机构，成立专门的书院学生管理部门，对书院办学定位及目标、人员安排、管理制度设置与监管进行顶层设计。书院应组建综合管理办公室，整体调配书院的人力、物质资源，接收高校学生管理部门的相关信息并进行实践，保障书院正常运行，负责书院通识教育教学的课程设置、师资安排等工作，保障导师教育管理成效。各管理部门人员的职责设置不应重叠，应具体到个人，激发管理人员的职业认同感；各管理部门的协同合作应坚持"以人为本"的原则，以服务学生为核心，提升管理部门的服务效能。

（三）发挥环境作用，完善书院制基础设施建设

完善的书院制基础设施能够为书院制模式的学生管理工作实践提供物质保障，使其充分发挥隐性育人功能。高校应科学规划书院的基础设施，如为实现通识教育建设学习室、为锻炼学生体质设置健身房、为满足学生生活需求设置餐厅与自习室等。书院应组织开展多样化的文化活动，营造良好的育人环境。积极向上且独具特色的文化氛围是高校书院得以发展的

有效推动力。在物质文化建设方面,高校可以通过科学规划书院建筑、绿植文化景观,在书院各个角落融入书院文化,营造协调性较强的书院环境,潜移默化地影响书院师生的一言一行;在精神文化建设方面,书院应大力支持书院学生的文化活动,举办师生参与度高的文化娱乐活动,围绕书院文化开展主题活动,树立品牌文化,有效提升师生对书院文化的认同感。

(四)围绕育人本质,加强书院制导师队伍建设

在书院导师制实践中,教师是高校学生学习生活行为意识的塑造者与引导者。因此,高校应围绕育人本质,加强书院制导师队伍建设。高校应规范书院导师任职条件,针对不同类型的导师,设立不同的任职条件。高校要重视常任导师队伍建设,引进具备教育学、心理学、管理学背景及掌握思政知识的教师,以便常任导师能够基于更加专业的角度开展心理健康教育与思想政治教育。学术型导师应具有较高水平的专业知识与良好的政治素质,从而为课程思政的开展与实施奠定基础。同时,高校要重视兼职导师的课外实践经验与能力、师生沟通能力。高校应建立规范性强、专业水准高的导师培训制度。高校可以组织书院聘任教师前往书院制学生管理模式发展较为成熟的高校进行考察和调研,并结合本校实际情况进行适应性实践探索。高校也可定期组织书院导师学习现代化学生管理理念与知识,及时更新导师的育人理念。高校应建立书院导师激励制度,为导师提供合理的薪资待遇,从物质层面激发导师工作的积极性,并将书院导师育人评价结果作为导师职称晋升的重要考核标准之一,以评促改。

第三节　场域视域下高校"一站式"学生社区管理模式创新实践探索

随着高等教育改革的不断深化，传统的班级管理方式面临挑战，学生社区成为课堂之外的重要教育阵地。在此背景下，2019年，教育部启动"一站式"学生社区管理模式建设探索，成为新时代大学治理体系下学生管理模式改革的重要抓手和实现途径。

一、高校"一站式"学生社区建设的价值意蕴

近年来，随着"学分制""大类培养"等教育改革的加快推进，高校在学生思想价值引领、学业科研发展、校园生活服务等方面的个性化需求凸显。作为对高等教育改革需求和学生发展诉求的重要回应，"一站式"学生社区建设应运而生、逐步试点、广泛覆盖，成为推进高校学生管理高质量发展的重要阵地。

（一）"一站式"学生社区是建设"党建引领"前沿阵地的重要载体

作为高等教育改革的重要内容，"一站式"学生社区是高校思想意识形态工作的重要阵地、基层党组织建设的有力抓手、党员作风建设的淬炼平台。一是加强学生思想政治建设，在"一站式"学生社区中掌握一手学生思想动态，在学生第一线牢牢把握意识形态工作的主导权和话语权，维护在校学生的安全稳定。二是能加强基层党组织建设，将党的建设向学生一线、服务一线、管理一线延伸，践行党的群众路线，强化对党员干部的教育和管理，充

分发挥党员的先进性和模范性。三是能强化作风建设,在"一站式"学生社区内,促进普通学生、党员干部、基层组织的互动、交流和监督,树立师生满意的党风、政风、师风和学风,着力打造风清气正的校园环境。

(二)"一站式"学生社区是落实"立德树人"根本任务的有效阵地

"一站式"学生社区作为以学生园区为基础打造的一个集学习、交流、生活于一体,兼具学习性、成长性和交流性平台,是高校落实"立德树人"根本任务的重要所在。将学生园区作为思想政治教育第二课堂的重要组成部分,消除了学生德育培养和智育培养之间的时间、空间隔阂,是对高校内部教育场域的创新性建设,实现了德育常态化、长效化,能有效强化学生的政治认同、情感认同和文化认同,加快构建德智体美劳五育并举的人才培养体系。因此,"一站式"学生社区建设是对"时代新人"培育要求的积极回应,是高校落实"立德树人"根本任务的有力抓手。

(三)"一站式"学生社区是构建"三全育人"思政体系的有力抓手

"一站式"学生社区被形象地称为"三全育人"的"最后一公里"。首先,"一站式"学生社区要求各方育人主体下沉一线,领导干部、专任教师、辅导员、后勤管理人员以及社会力量都聚集于这个场域,有力推动了全员育人;其次,从入学到毕业,"一站式"学生社区涵盖了学生在校的全时段,学生人格成长、学业发展全程得以在一个稳固的场域内进行,实现了全过程育人;最后,"一站式"学生社区实现了学生生活、学术研究、规划发展等多重功能的集合,适应了学生的多样化需求,是全方位育人的生动体现。因此,在"一站式"学生社区内,涉及学生成长成才的育人主体、育人资源都实现了育人过程的全阶段覆盖,是构建"三全育人"思政体系的有力抓手。

二、"一站式"学生社区管理模式的现实困境

(一)理念认识有待统一

由于缺乏统一建设标准,各地各高校对什么是"一站式"学生社区、为什么要建设"一站式"学生社区、怎么建设"一站式"学生社区等问题的认识与理解尚未形成共识,建设现状各不相同。第一,什么是"一站式"学生社区?"一站式"是相对于"分散式"提出的概念,着力解决学校育人资源供给分散、精准度不足等问题。因此,"一站式"学生社区的功能绝不仅仅是学生管理工作队伍在工作内容上的延伸,而需要领导力量、专任教师、后勤保障的大力参与。第二,为什么建设"一站式"学生社区?"一站式"学生社区的建设初衷带有明确的问题导向,其建设指向学生思想、学习、生活和发展等实际问题的快速响应和切实解决。但在当前建设实际中,出现了学生社区管理存在多元领导的情况,导致"重管理、轻服务"现象的出现。第三,怎么建设"一站式"学生社区?学生在哪,学生社区就建设到哪儿。学生社区不应该被限定于学生宿舍区,而应结合高校实际情况、立足学生实际需求,扩大学生社区空间范围、延伸学生社区内涵定义、丰富学生社区资源供给。

(二)育人力量有待下沉

队伍入驻一线、资源聚集一线是"一站式"学生社区建设的核心任务。但在现实建设工作中,存在队伍入驻主动性不强、资源利用有效性不够、力量聚合协同性不足等痛点。第一,队伍入驻主动性不强。"一站式"学生社区理应聚合辅导员、班主任、学业导师及校院领导等复合型队伍,形成各司其职的育人格局,但由于缺乏顶层设计、管理制度等,现实情况并不理想,育人队伍难以实现深层次入驻。第二,资源利用有效性不够。入驻队伍主观能动性发挥不够、对社区育人功能认同感薄弱,导致队伍入驻缺乏深入性,使

得文化育人、科研育人、就业育人等资源难以汇聚到学生身边。第三，力量聚合协同性不足。学生管理工作队伍孤军奋战依旧是主流现象，校内职能部门、专任教师、学生工作队伍等各主体间的壁垒依旧存在，尚未与校院领导、专业教师等形成合力，难以构成学校党委集中部署、职能部门各司其职、各方力量协同发力的育人格局。

（三）条件保障有待跟进

多重功能叠加对"一站式"学生社区的空间场地、经费支持、制度保障等提出了新的要求。第一，物理空间局限。物理空间的充裕程度在一定程度上决定了学生社区育人功能发挥的实效。但学生园区在建立之初，主要承担住宿等生活功能，随着高等教育的扩招，园区空间日趋紧张，但鲜有高校突破思维局限，进行学生园区空间拓展，导致"一站式"学生社区建设受到物理空间的限制。第二，经费支持受限。物理空间的建设、软件设施的购置、人员队伍的激励等均需经费保障，但尚未有专门款项下拨用于"一站式"学生社区建设，经费受限导致学生社区建设受限。第三，制度建设缺乏。当前大多高校尚未结合自身实际形成具有本校文化特色的实现路径，突出表现为重硬件设施建设、轻软性制度设计，尚未实现"有章可循"，建设工作缺乏制度性、规范性。

（四）服务效能有待提升

当前，"一站式"学生社区服务效能有待进一步提升，主要体现在"自主化"服务意识不强、"集约化"服务能力不深、"数字化"服务程度不高三个方面。第一，"自主化"服务意识不强。各高校虽然正在推动育人队伍在学生社区入驻、育人资源向学生社区倾斜，但因各队伍习惯固有的工作模式、聚焦固有的考核体系，且受限于工作性质与自身能力水平，导致"自主性"服务意识不强。第二，"集约化"服务能力不足。高校学生管理内部组织架构复杂、涉及部门众多，在建设初期难以建立高效的信息流通渠道，职能部门之间、管理服务主体与学生之间的壁垒依旧存在，甚至出现职能重复、推卸责任等问题。第三，"数字化"服务程度不高。互联网已经成为当代青年不可或缺的生活方式、成长空间、"第六感官"。当前，各高校"一站式"学生社区缺乏数字化赋能，线上服务管理系统存在内容陈旧、形式单一、便捷性差和可及性不足等问题，服务"高峰堵车"现象时有发生，导致不能精准服务学生成长需求。

三、场域视域下高校"一站式"学生社区管理模式创新的策略

"场域"被定义为"各种位置之间存在的客观关系的一个网络，或一个构型"。场域与惯习、资本、主体等概念密不可分：场域的运行逻辑是"竞争"，场域内的主体在原有惯习的基础上围绕资本进行竞争互动，形成新的惯习和资本的流动。场域具有可分化性，可形成有自身必然性、运行逻辑和客观关系空间的子场域。

教育场域是社会中的一个重要子场域，其是在教育者、受教育者及其他教育参与者间形成的一种以知识生产、传承、传播和消费为依托，以人的发展、形成和提升为旨归的客观关系网络。因此，从场域视域下的理念、方法及其在教育领域的实践来看，高校"一站式"学生社区的基本要素、建设目标与场域理论存在内在契合性，高校可以在场域理论的指导下，针对当前"一站式"学生社区管理模式实践中存在的现实困境，探索创新优化路径。

（一）育人理念共识：优化场域空间载体，打造"时代新人"培育高地

"时代新人铸魂工程"顺应了"立德树人"的时代诉求，切准了人才培养的内在要求。而"一站式"学生社区管理模式创新是推进"时代新人铸魂工程"的生动实践与具体抓手。高校要以"时代新人铸魂工程"为牵引，以"立德树人"根本任务为目标，推动高校深刻认识到"一站式"学生社区管理模式创新对人才培养的重要作用，进一步加深高校对什么是"一站式"学生社区、为什么建设"一站式"学生社区、怎么建设"一站式"学生社区等问题的统一认识。高校要通过顶层引导、校际交流、实践探索等，形成"一站式"学生社区场域不仅是特定物理空间，还是多重网络关系空间的共识。人人都是"时代新人"培育者，处处都是"时代新人"培育地。"一站式"学生社区管理模式创新不能仅局限在学生园区内，学科楼栋、实验场所等都是重要组织空间。"一站式"学生社区管理模式的育人力量也不仅是辅导员，所有关系网络上的主体都是育人者。所以，学生在哪儿，"一站式"学生社区就延伸到哪儿，场域空间载体就优化到哪儿，育人队伍就联动聚集到哪儿。

（二）育人力量聚集：深化场域主体互动，夯实"党建引领"前沿阵地

学生在哪里，党员在哪里，高校党建工作就推进到哪里。高校可通过"一站式"学生社区内各主体的良性竞争、有效互动，进一步夯实"党建引领"前沿阵地。同时，要充分发挥"党建引领"对高校"一站式"学生社区育人功能的牵引作用，以此强化队伍入驻主动性、资源利用有效性与力量聚合协同性。构建"纵到底、横到边、全覆盖"的社区党建模式，以其组织优势、阵地优势和活动优势成为高校党建引领新阵地。建立社区党委，以及师生联合党支部、功能型党支部、临时性党支部等基层组织，增强师生主体间互动，推动领导深入社区联系学生，拉近与学生的距离。推进师生党支部结对子，

推动一线力量、模范典型下沉，推动党群组织成为学生社区中思想引领的鲜明旗帜，有机融入社区管理服务的方方面面，用党的建设带动学生学业、心理、生活发展各方面的资源供给，实现为党育人、为国育才的互融共促。

（三）育人功能拓展：落实场域资本供给，建设"三全育人"实践园地

资本分为经济资本、文化资本、社会资本和象征资本四种形式，是场域运行的推动力。"一站式"学生社区的本质在于不断推动各类资本在社区优化、向学生集中。立足各高校在物理空间上的现实局限，可以将"一站式"学生社区向学科楼栋延伸。学科楼栋既是学生主体活动的主要场所，也是院系领导、专任教师、辅导员队伍和群团组织等多支育人力量的高度聚合区。在学科楼栋开展"一站式"学生社区建设，物理空间相对充裕，具有天然的育人资源集中优势，且涵盖党团建设、学业指导、心理疏导、职业规划和朋辈活动等多方面的功能。相关活动的开展也不必拘泥于特定的时间和形式，思想引领、文化浸润、师生互动、活动开展和情谊培养都能够常态化开展，并能更好地强化校院两级的优势互补、资源联动。在此基础上，进一步强化专项经费支持、健全管理制度保障，更好地丰富资本供给，健全师生互动资本库，提高"一站式"学生社区资源的可及性，促进场域内主体的良性竞争，努力将"一站式"学生社区建设成"三全育人"的实践园地。

（四）育人效能提升：细化场域惯习引导，构筑"数字赋能"创新基地

惯习是个体在场域实践中形成的，并作用于个体的场域实践活动。"一站式"学生社区内的师生通过竞争形成一定的场域惯习。高校要通过对场域内惯习的塑造与记录，构筑"数字赋能"创新基地。同时，通过打造线下场域的网络投射，营造良好的校园数字生态，进一步赋能场域内的惯习养成和引

导。细化场域惯习引导，将学生学业情况、学习行为、校园活动等以大数据形式上传至云端，建立数字化学生成长档案，实现对学生惯习的动态记录。同时，引导学生在"数字竞争"中，进一步优化个人惯习，实现"精准定位""精准定法""精准定制"的育人效能提升。推动线上一网通办建设，以学生需求为导向，探索建设学生综合事务管理平台，在学生管理服务具体业务的"流程优化"和"流程再造"上下功夫，深化高校学生管理服务的"放管服"改革。依托智慧社区建设，打破部门壁垒，动态记录育人主体的数据，在良性竞争中塑造惯习，全面提升各育人主体的"自主化"服务意识、"集约化"服务能力。

"一站式"学生社区管理模式建设，点多面广，牵一发而动全身，不能急于求成、一蹴而就，也不能听之任之、碌碌无为。更多的理论探讨和实践创新，是实现这一中国学生管理模式改革的重要途径。

参 考 文 献

[1] 艾亚丽.法治背景下高校学生管理创新体制探讨[J].公关世界,2022(10)：58-59.

[2] 蔡熙文.高校学生管理与实践创新研究[M].北京：北京工业大学出版社，2020.

[3] 程世全.网格化管理理论视角下高校学生管理的创新实践[J].吉林工程技术师范学院学报，2019，35（12）：10-12.

[4] 程细平.高校学生管理工作与管理模式创新[M].北京：北京工业大学出版社，2021.

[5] 邓军彪.地方高校大学生管理工作的创新与实践研究[M].汕头：汕头大学出版社，2021.

[6] 杜文玲."三全育人"理念下高校学生管理创新研究[J].盐城工学院学报（社会科学版），2024，37（2）：95-98.

[7] 胡睿.新时代大学生管理工作的探索与实践路径[M].北京：中国水利水电出版社，2019.

[8] 纪媞,金洪英.高校学生管理创新模式研究：评《大学生管理研究》[J].林产工业，2019，46（6）：66.

[9] 李彬，王斌.互联网＋时代高校学生管理模式的转变及创新研究：评《高校学生管理创新模式研究》[J].林产工业，2019，56（10）：71.

[10] 李兰.管理育人视域下高校学生管理创新研究：评《互联网背景下高校学生管理模式创新研究》[J].应用化工，2024，53（1）：258.

[11] 李玲.高校学生管理工作创新研究[M].长春：吉林人民出版社，2019.

[12] 李馨怡.大数据背景下高校学生管理创新策略分析[J].华章，2023(10)：

105-107.

[13] 林榕. 大数据背景下高校教育管理信息化发展与创新研究[M]. 长春: 吉林大学出版社, 2018.

[14] 刘国欣, 张利雯. 互联网背景下高校学生管理的信息化建设研究: 评《互联网背景下高校学生管理模式创新研究》[J]. 科技管理研究, 2021, 41 (17): 234.

[15] 刘苗, 赵其勉, 杨蓓. 大数据时代高校学生教育管理工作的创新研究[M]. 吉林出版集团股份有限公司, 2022.

[16] 卢永. 新媒体时代高校辅导员学生管理工作的挑战及创新策略研究[J]. 互联网周刊, 2023 (16): 56-58.

[17] 孟洁. 新媒体时代高校学生管理创新研究[J]. 现代交际, 2019 (16): 200-201.

[18] 祁素萍. 高校学生管理工作创新与研究[M]. 长春: 吉林人民出版社, 2021.

[19] 唐亭婷. 大数据时代高校学生教育管理工作个性化研究[J]. 高教学刊, 2021 (7): 152-155.

[20] 王春宝, 张永越. 高校学生管理创新理念研究[M]. 北京: 中国商务出版社, 2022.

[21] 王广红. 多校区高校学生教育管理工作模式[J]. 重庆工学院学报 (社会科学版), 2007 (12): 169-171, 187.

[22] 王丽. 互联网+背景下高校学生管理的创新[J]. 科教导刊, 2019 (18): 178-179.

[23] 王荔雯. 移动互联网时代高校教育管理模式改革与实践研究[M]. 北京: 中国原子能出版社, 2018.

[24] 王韬慧. 新媒体环境下高校学生管理创新路径探索[J]. 传播力研究, 2020, 4 (13): 155-156.

[25] 吴文静. 高校学生管理与模式创新研究[M]. 北京：北京工业大学出版社，2022.

[26] 吴永夺. 以人为本 做好多校区学生教育管理工作[J]. 安徽工业大学学报（社会科学版），2005（1）：137-139.

[27] 喜超，谭淑娟，白莹，等. 大数据时代高校学生教育管理工作创新探索[J]. 云南农业大学学报（社会科学），2017，11（4）：110-114.

[28] 邢良. 高校德育引导与学生管理创新研究[M]. 北京：北京工业大学出版社，2021.

[29] 徐璇. 高校思政教育与学生管理工作有效融合的创新性研究[J]. 吕梁教育学院学报，2023，40（2）：41-43.

[30] 杨大鹏，马亚格，罗茗. 高校学生工作管理创新研究[M]. 北京：北京理工大学出版社，2019.

[31] 尹嘉嘉. 自治视域下高校学生管理创新研究[J]. 科教导刊，2023（9）：143-145.

[32] 袁合静. "枫桥经验"在高校学生管理创新中的应用[J]. 大众标准化，2020（18）：223-224.

[33] 余志娟. 现代教育理念下高校教育教学创新与实践[M]. 长春：吉林出版集团股份有限公司，2022.

[34] 张秋霞. 大数据背景下高校学生教育管理工作创新研究[J]. 邯郸职业技术学院学报，2020，33（3）：71-73.

[35] 张坤颖，李晓岩. 大数据环境下的人工智能教育应用[M]. 北京：学苑出版社，2019.

[36] 赵爱华. 现代高校教学管理的特点及改进[J]. 高教学刊，2017（9）：140-141.

[37] 赵传磊. 人本视阈下高校学生管理创新策略[J]. 佳木斯职业学院学报，2018（12）：287.

[38] 赵威. 基于应用型人才培养的高校学生管理创新模式研究[M]. 长春：吉林出版集团股份有限公司，2021.

[39] 赵振华. 新形势下大学生教育管理对策[J]. 教书育人（高教论坛），2018（15）：38-40.

[40] 郑前进. 高校教学管理信息化建设模式及其策略研究[J]. 中国教育信息化，2021（21）：45-47，52.

[41] 周航. 高校学生事务管理探索与实践[M]. 成都：西南财经大学出版社，2015.